AF470348

# ANNALES DU MUSÉE GUIMET

## GRANDE BIBLIOTHÈQUE

SÉRIE IN-4

### 33 Volumes

*Derniers Volumes parus :*

XXVIII, XXIX. **Histoire de la Sépulture et des Funérailles dans l'ancienne Egypte**, par E. AMÉLINEAU. I et II. 2 tomes in-4° illustrés et accompagnés de 112 planches. . . . . . 60 fr.

XXX. **Notes sur Antinoë**. In-4°, figures dans le texte, 24 planches hors texte . . . . . . . . . . . . . . . . . . 39 fr.

XXXI. Première partie : **Si-Ling**. Étude sur les tombeaux de l'Ouest de la dynastie des Ts'ing par le Commandant FONSSAGRIVES. Un beau volume in-4°, illustré de gravures et planches en noir, en chromotypographie et en chromolithographie. . . . 30 fr.

Deuxième partie : **Le Siam ancien**. Archéologie, épigraphie, géographie, par LUCIEN FOURNEREAU. Seconde partie. In-4°, 48 planches. . . . . . . . . . . . . . . . . . . 30 fr.

XXXII. **Catalogue du Musée Guimet. Galerie égyptienne.** Stèles, Bas-reliefs, Monuments divers, par A. MORET. In-4°, 66 planches en un carton. . . . . . . . . . . . . . . . . . . 25 fr.

XXXIII. **Catalogue du Musée Guimet. Cylindres orientaux**, par L. DELAPORTE. In-4°, 10 planches. . . . . . . . . . 12 fr.

---

## ANNALES DU MUSÉE GUIMET
# BIBLIOTHÈQUE D'ART

**Li-Long-Mien** (Lévy et Cie, éditeurs). . . . . . . . . 40 fr.

**Okoma, Roman japonais**, illustré, par F. REGAMEY (Plon, Nourrit et Cie, éditeurs). . . . . . . . . . . . . . . . . 20 fr.

**Si-Ling** (E. Leroux, éditeur). . . . . . . . . . . . . 40 fr.

**La peinture chinoise** au Musée Guimet, par TCHANG YI-TCHOU et J. HACKIN (P. Geuthner, édit.). . . . . . . . . . . 12 fr. 50

**Les portraits d'Antinoë**, par E. GUIMET (Hachette et Cie, éditeurs). . . . . . . . . . . . . . . . . . . . . . . . 20 fr.

---

## ANNALES DU MUSÉE GUIMET
# REVUE DE L'HISTOIRE DES RELIGIONS

### 1880-1913

68 volumes in-8. . . . . . . . . . . . . . . . . . . 650 fr.

# ANNALES

DU

# MUSÉE GUIMET

## BIBLIOTHÈQUE D'ÉTUDES

### TOME VINGT-SIXIÈME

# ARCHÉOLOGIE

DU

# SUD DE L'INDE

I. — ARCHITECTURE

# ARCHÉOLOGIE

## DU

# SUD DE L'INDE

PAR

## G. JOUVEAU-DUBREUIL

PROFESSEUR AU COLLÈGE DE PONDICHÉRY

TOME I. — ARCHITECTURE

*Avec 71 figures et 64 planches hors texte*

PARIS

LIBRAIRIE PAUL GEUTHNER

13, RUE JACOB, 13

1914

# A

## M. A. FOUCHER

CHARGÉ DE COURS A LA FACULTÉ DES LETTRES
DE L'UNIVERSITÉ DE PARIS

# ARCHITECTURE
# DU SUD DE L'INDE

## INTRODUCTION

L'art et la religion du Sud de l'Inde ont été jusqu'à présent peu étudiés. Cela n'a rien qui puisse étonner : les savants qui s'occupent des civilisations de l'Asie ont un champ d'études immense : le Japon, la Chine, le Cambodge, le Thibet, l'Inde, sont des contrées qui ont possédé autrefois des civilisations extrêmement brillantes ; il nous en reste des œuvres littéraires et artistiques, qui font honneur à l'humanité et qui doivent être connues et étudiées ; cette étude nécessite des recherches innombrables, et il n'a été possible d'approfondir quelques questions qu'à la condition d'en négliger beaucoup d'autres.

Dans l'Inde, on s'est occupé surtout des livres védiques et du Bouddhisme. Le sanscrit, que l'on crut pendant longtemps être la mère des langues de l'Europe, a été depuis un siècle l'objet de travaux considérables. D'autre part, le Bouddhisme qui est né dans l'Inde et y a régné pendant plus de mille ans, intéresse au plus haut point les historiens et les philosophes.

L'attention des indianistes a été moins attirée vers l'art dravidien et l'Hindouisme. Ces questions ne se rattachent pas comme le sanscrit aux études classiques de l'Occident ; elles n'ont pas, comme la doctrine du Bouddha, transformé la civilisation de tout l'Extrême-Orient.

1

Dans cet ouvrage, nous nous proposons d'étudier l'architecture et l'iconographie de ce pays Dravidien qui est occupé par des populations de langue tamoule et qui s'étend le long de la côte de Coromandel depuis l'embouchure de la Pennar jusqu'au cap Comorin.

Nous laisserons par conséquent de côté les monuments du Mysore qui sont situés en dehors du pays tamoul et dont l'architecture appartient au style Châlukya et non pas au style Dravidien.

Cette étude sera tout à fait indépendante des considérations d'esthétique. Il est incontestable qu'il y a dans l'art Dravidien de très belles choses, mais l'appréciation de la beauté est souvent une question de goût et nous n'avons pas la prétention de faire de la critique d'art. Nous pensons que l'architecture et l'iconographie peuvent sembler intéressantes quelle que soit l'opinion qu'on ait du sens esthétique des Hindous.

Les édifices religieux sont extrêmement multipliés dans le Sud de l'Inde : on en trouve partout, dans les grandes villes, dans les villages, dans la jungle ; or, presque tous ces monuments sont couverts d'inscriptions, et avant de faire l'histoire de l'architecture, il importe de traduire les inscriptions et d'étudier la forme des caractères. On peut souvent ainsi découvrir l'âge, sinon du monument lui-même, du moins de l'inscription. Le malheur est que ce sont généralement des ex-votos qui indiquent rarement des faits historiques précis.

Les efforts patients des historiens et des paléographes ont permis cependant d'établir quelques faits, au milieu de beaucoup d'incertitudes et de contradictions.

Les ouvrages spéciaux : *South Indian Inscriptions* (Hultzsch), *Epigraphia Indica. Indian Antiquary*, *South-Indian Paleo-*

*graphy* (1), etc..., contiennent des documents innombrables sur ce sujet.

Ces travaux historiques ont servi, d'une part, à faire le dénombrement d'une grande partie des monuments importants, d'autre part, à déterminer l'âge de quelques-uns d'entre eux.

L'art lui-même a été beaucoup plus négligé. Et cependant s'il est des monuments abondamment décrits et photographiés, ce sont les pagodes du Sud de l'Inde. Les temples de Tanjore, Trichinopoly, Madura, font partie de la tournée classique, et les touristes qui vont dans l'Inde ne manquent jamais de les visiter avant d'aller voir Bénarès et le Taj. Aussi existe-t-il un grand nombre de récits de voyage dans lesquels les pagodes sont décrites, et représentées souvent par de très belles gravures. On trouve aussi dans le commerce d'excellentes photographies.

Mais il faut remarquer d'abord que ce sont toujours les mêmes choses qui ont été décrites et photographiées : celles qui se trouvent sur le passage ordinaire des touristes et qui attirent le plus leur attention. Quant aux temples innombrables qui sont situés en dehors des grandes voies de communication et qui contiennent des choses extrêmement intéressantes, ils sont restés presque totalement inconnus.

En outre, la description et la photographie sont, il est vrai, de précieux matériaux pour l'étude de l'art ; ce sont des documents indispensables pour les archéologues qui ne sont pas dans le pays et qui ne peuvent voir les objets eux-mêmes, mais cela ne constitue pas une étude : il y a une différence entre décrire et étudier. La plupart des auteurs qui

---

(1) *Elements of South Indian Paleography from the fourth to the Seventeenth century*, A. D. by A. C. Burnell, London-Trübner et C°, 1878.

ont traité de l'art dravidien semblent n'avoir pas suffisamment fait cette considération. Un livre d'architecture ne doit pas ressembler à un guide de touriste. Ce qui a le plus manqué aux ouvrages sur les monuments du Sud de l'Inde, c'est le chapitre des généralités. Il importe non seulement de faire voir les choses, mais de les faire comprendre, de dégager des idées générales, de découvrir des principes. Pour cela il faut surtout comparer les monuments, en donner une classification systématique et faire ressortir les lois selon lesquelles ils ont été construits. Il importe de faire l'anatomie et la paléontologie des édifices.

Nous ne nous proposons donc pas de recommencer, comme on l'a fait mille fois, la description particulière des édifices considérés individuellement. Nous essayerons de faire la science des monuments en recherchant les lois générales par l'étude comparée des motifs d'ornementation.

Les œuvres d'art, en effet, ne sont pas faites entièrement au hasard de l'inspiration : il y a presque toujours des méthodes, des principes, des règles canoniques invariables. Quelle que soit l'originalité d'une œuvre d'art, elle est rarement une œuvre isolée ; elle se rattache à des œuvres contemporaines ; elle s'explique par des œuvres antérieures. L'auteur appartient à une école, l'œuvre appartient à un style.

Il n'est personne qui ne sache distinguer le style grec du gothique. Bien plus, dans le même style grec il y a les ordres dorique, ionique, corinthien ; et dans le style gothique, on distingue les styles primaire, secondaire, tertiaire.

Si nous considérons à ce point de vue l'architecture du Sud de l'Inde, nous constaterons qu'il existe là aussi des styles bien définis (1). Il importe donc de les distinguer les

_____________

1) On lit dans l'ouvrage : *Voyage aux Indes orientales et à la Chine,* par Sonnerat, t. I, p. 100, cette phrase étonnante : « L'ar-

uns des autres et de déterminer exactement leurs caractères.

Mais tout d'abord, nous découvrirons un fait très important qui simplifiera considérablement la question. En comparant le style des monuments avec les indications paléographiques données par les inscriptions gravées sur ces monuments, nous constaterons que chaque style correspond à une époque chronologique.

Tout édifice peut être caractérisé par son ornementation, mais il en existe d'autres qui ont la même ornementation ; or, nous constaterons que ces autres monuments sont datés de la même époque. Enfin, si nous examinons des édifices qui ont un style différent, nous constaterons qu'ils sont aussi d'une époque différente. Ayant donc observé que seuls les monuments d'un même style sont du même âge, nous conclurons aussi réciproquement qu'à chaque époque il n'y a eu dans le pays Dravidien qu'un seul style. C'est ce que nous appellerons le « principe du synchronisme des monuments Dravidiens ».

Ainsi donc les monuments modernes ne ressemblent pas aux monuments anciens ; ils ne sont pas du même style. Comment se sont produit ces changements ; à quelle époque et pour quelle raison a-t-on cessé de construire d'une certaine manière et a-t-on construit d'une façon différente ?

La première hypothèse qui se présente à l'esprit pour expliquer ces modifications est celle d'influences étrangères.

Ces influences auraient pu s'exercer à plusieurs reprises.

chitecture n'est assujettie chez eux (les Hindous) à aucunes règles »
(*sic*).

En effet, vers le x^e siècle, il existait dans le Mysore un art Châlukya dont les motifs d'ornementation ont peut-être inspiré les sculpteurs du pays dravidien qui resta quelque temps sous la domination du Mysore. Plus tard, les Musulmans, venus du Nord de l'Inde, conquirent le Sud. Ensuite, le pays tamoul passa entre les mains des rois de Bijanagar.

Il est donc naturel de supposer que certains motifs d'ornementation sont devenus à la mode dans le Sud de l'Inde par l'influence, soit des Châlukyas, soit des Musulmans, soit des rois de Bijanagar.

Pour élucider cette question, il faut rechercher à quelle époque et de quelle manière se sont produites les modifications.

Or, en recherchant les origines des styles, nous avons été amené à découvrir un fait auquel nous étions très loin de nous attendre, que rien ne pouvait faire prévoir, et qui rend l'étude de l'art Dravidien extrêmement intéressante : c'est qu'il n'y a jamais eu d'influence étrangère ; aucun motif d'ornementation n'est un produit d'importation des Châlukyas, des Musulmans ou des rois de Bijanagar ; ils sont tous purement indigènes. Il est possible de retrouver dans les anciens monuments Dravidiens l'origine de tous les motifs d'ornementation qui caractérisent les styles modernes et, en résumé, l'art Dravidien a changé de lui-même. Nous exprimerons cette idée en disant qu'il a changé par « *voie d'évolution naturelle* ».

Un fait analogue s'était produit pour l'architecture française du moyen-âge. On sait que la première idée fut d'en expliquer l'origine par l'influence des barbares, et on donna à l'architecture française le nom de gothique. On crut plus tard que cet art était apparu à la suite des conquêtes sarrasines, ou encore que l'art ogival avait été importé en France au retour des croisades en pays musulmans.

Ce n'est que par l'étude systématique de l'histoire des édifices religieux du moyen-âge qu'on est arrivé à cette conclusion que l'art gothique est purement français, qu'il est né, non pas sur les bords du Rhin ou sur les rivages de la Méditerranée, mais dans l'Ile-de-France, et que c'est l'architecture romane qui peu à peu, par « *voie d'évolution naturelle* », s'était changée en gothique.

Il importe, en effet, de distinguer entre une évolution et une révolution.

Si, par suite d'une conquête, d'une invasion, d'une mode ou d'autres causes, les ouvriers d'un pays changent à une certaine époque leurs procédés et se mettent à employer des motifs d'ornementation tout à fait différents, la plupart du temps parce qu'ils s'inspirent de motifs appartenant à des styles d'un autre pays ou d'un autre âge, il y a révolution architecturale.

Pour qu'il y ait évolution, il faut que le changement des motifs d'ornementation se fasse graduellement et par la force même des choses. Les ouvriers ne se sont point inspirés de motifs étrangers, mais, d'eux-mêmes, par l'emploi continu des mêmes procédés, ils ont été amenés à modifier leur technique.

Ainsi, c'est par voie d'évolution naturelle que le roman s'est transformé en gothique. C'est aussi par évolution que le gothique s'est transformé peu à peu jusqu'à devenir le flamboyant ; mais ce fut non plus par évolution, mais par une sorte de révolution, que, s'inspirant des architectures grecque et romaine, les ouvriers français abandonnèrent presque complètement les motifs qu'avaient créés leurs ancêtres et construisirent les monuments qui caractérisent la Renaissance.

En France, cette évolution fut très rapide. Dans le Sud de

l'Inde, à cause de l'esprit traditionaliste des Hindous, cette évolution fut très lente, et c'est pendant quatorze siècles que se sont produites les transformations architecturales.

L'art Dravidien nous présente le tableau très intéressant et très rare d'une architecture qui pendant plus de treize siècles demeure isolée, qui n'emprunte rien aux arts étrangers, mais qui varie continuellement par voie d'évolution naturelle, de telle sorte que de siècle en siècle on peut en suivre les modifications.

En résumé, dans le Sud de l'Inde chaque époque a été marquée par un style défini, qui s'explique par le style de l'époque précédente, et qui sert à expliquer le style de l'époque suivante ; et la morphologie des monuments dravidiens nous apprend que les formes architecturales se sont transformées lentement, de même que l'anthropologie préhistorique montre que le crâne humain a passé par toutes les phases intermédiaires entre la forme presque simiesque et la forme actuelle. Il y a la même différence entre le style du temple de Madura et celui du vimâna de Tanjore, qu'entre l'homme actuel et la race de Cro-Magnon.

La constatation de cette évolution nous amène donc à admettre les principes suivants :

A. — *Caractère spécifique.* — L'ouvrier hindou a toujours élevé les monuments selon la mode de l'époque à laquelle il vivait ; il a toujours adopté le style qui lui était contemporain ; il a suivi la routine qui lui était enseignée par les autres ouvriers de son temps et de son pays ; il n'a jamais essayé d'innover complètement. D'ailleurs il eût été scandaleux que des ouvriers construisissent des temples absolument différents de ceux dans lesquels on avait coutume à cette époque d'adorer les Dieux. Il y avait des canons fixes dont on ne pouvait s'écarter que très légèrement.

Cette routine eut pour effet que tous les monuments
élevés par les mêmes ouvriers ou par leurs contemporains,
sont bâtis sur le même modèle ; et cette identité de style est
en quelque sorte analogue à l'espèce dans les règnes végétal
et animal : de même que tous les animaux d'une même espèce
présentent les mêmes caractères, ainsi toutes les pagodes
d'une même époque se ressemblent.

Cette unité dans la construction rend l'étude de l'architecture dravidienne singulièrement facile. Le plus souvent ces
questions sont très complexes. Ainsi en France actuellement
des ouvriers construisent des temples grecs ou des châteaux
moyenâgeux, sans aucun souci d'éviter l'anachronisme et de
conserver la couleur locale. La fantaisie des architectes, la
variété des goûts, produisent souvent au même moment et
au même endroit un tel mélange de formes architecturales
qu'il est impossible de mettre de l'ordre dans une si grande
diversité.

Il n'en est point ainsi dans le Sud de l'Inde. Depuis les
temps les plus reculés jusqu'à nos jours, les monuments ont
toujours été construits dans un style très défini : celui qui
était à la mode au moment où on les édifiait. L'ouvrier dravidien a toujours suivi le goût du jour, il n'a jamais essayé
de copier les styles des autres pays ou des autres époques.

De tout temps, il a construit de la même manière que les
autres ouvriers ses contemporains, comme une abeille donne
le même miel et bâtit de la même façon que toutes les autres
abeilles de la même ruche.

B. — *Hérédité*. — Cet emploi des mêmes motifs d'ornementation par les ouvriers d'une même époque, leur a été
enseigné par des architectes plus âgés, et à leur tour ces
ouvriers devenus maîtres l'ont enseigné à leurs apprentis.
Ainsi les ouvriers de chaque époque faisaient partie d'une
école ; ils ont hérité des procédés techniques de leurs pré-
décesseurs et ils ont légué ces procédés à ceux qui devaient
leur succéder.

C. — *Transformisme*. — Dans le cours des siècles, ces règles ne se sont point transmises de génération en génération sans variations.

Insensiblement les sculpteurs ont changé la forme des motifs d'ornementation. Ils ont été amenés à perfectionner leurs procédés, à modifier leur technique.

Montrez une forme archaïque à un ouvrier qui, de nos jours, est en train de sculpter un monument et demandez-lui pourquoi il ne se sert plus de ce motif. Il répondra que la forme employée à présent est plus jolie que l'ancienne.

Pour prouver l'exactitude de ce que nous venons d'affirmer, il importe donc : 1° de caractériser exactement le style de chaque époque ; 2° de montrer comment les motifs d'ornementation ont varié d'une époque à l'autre.

Pour qu'une telle étude soit possible, il faut qu'on puisse trouver une série par ordre chronologique de monuments telle que : 1° l'âge de chaque monument soit parfaitement déterminé par des inscriptions ou par des documents historiques ; 2° que chaque époque soit représentée par un ou plusieurs de ces monuments et qu'on ait ainsi des types caractérisant le style de chaque époque.

La détermination d'une telle série présente de nombreuses difficultés, car s'il est des époques riches en documents archéologiques, il en est d'autres dont les monuments manquent presque totalement, soit parce qu'ils ont été détruits par l'érosion ou le vandalisme, soit parce qu'on a peu construit à cette époque : les chaînons intermédiaires entre les différentes époques sont donc quelquefois très difficiles à découvrir. En outre, les inscriptions manquent souvent ou n'indiquent pas de date précise, de sorte que, ne possédant aucun document historique, il est impossible d'attribuer à certains monuments une date certaine.

Nous déterminons toutefois une telle série, et connaissant ainsi les différentes phases de l'évolution architecturale à l'aide d'un nombre très restreint de monuments, nous nous servirons des règles que nous aurons établies pour dater tous les autres par leur seul aspect extérieur.

L'archéologue qui connaîtra ces règles pourra ainsi expertiser l'âge des édifices, de la même manière que le géologue distingue l'âge d'un terrain sédimentaire. Il pourra reconnaître que tel édifice date du vɪɪᵉ siècle par exemple, alors que tel autre date du xvɪɪɪᵉ siècle, en se basant uniquement sur les motifs d'ornementation. Il lui suffira d'observer la forme des « coudous », des « bodigaïs », des « pancharams », de même que le géologue, guidé par la forme des fossiles, affirme que telle roche est primaire parce qu'elle contient des trilobites ; que tel terrain est secondaire ou tertiaire selon qu'il renferme des ammonites ou cérithes.

Dans le Sud de l'Inde, l'architecture a toujours été un art national. Ce n'est point l'œuvre de quelques hommes. C'est le peuple tout entier, qui, dans un pays où la religion occupe une si grande place, a imprimé ses aspirations et ses idées sur les temples des Dieux (1) : et ce sera l'histoire de la civilisation hindoue tout entière que nous ferons, en suivant dans

(1) Ainsi que l'a dit le Dr Gustave Le Bon (*Les civilisations de l'Inde. Introduction, p. II*).

« Pour ressusciter le passé de l'Inde, les événements historiques proprement dits manquent presque entièrement. Nous ne le regrettons pas trop. Les récits de batailles, de conquêtes, de successions de dynasties, qui remplissent les livres d'histoire ne servent, le plus souvent, qu'à cacher le cours véritable de l'existence des peuples... Seuls ces monuments peuvent nous faire pénétrer dans la vie intime des peuples. Ils ont une tout autre importance que les récits des historiens. Les bas-reliefs d'un temple en ruines dans les jungles nous en disent souvent plus sur le passé des anciens Hindous que toutes les chroniques royales qu'ils auraient pu nous laisser. »

leurs moindres détails les modifications apportées à l'art de bâtir, en voyant des générations d'ouvriers dravidiens torturer la pierre pendant quatorze siècles pour la contraindre à exprimer le génie de la race.

PREMIÈRE PARTIE

## LES ORIGINES DE L'ART DRAVIDIEN

On ne connaît pas de monuments dans le pays Dravidien qui soient antérieurs au vii° siècle de notre ère : mais il est probable que l'art du Sud de l'Inde, aux époques antérieures, ne devait pas être très différent de l'art qui florissait dans le Centre.

D'ailleurs le tope d'Amarâvatî et d'autres stupas découverts sur les bords de la Krishna sont presque en pays Dravidien et le chaitya bouddhique découvert près de Guntupalle dans le district de Godâvârî par M. A. Rea ressemble à ceux de Bedsâ et de Junnar (1).

Pour comprendre l'architecture Dravidienne, il faut donc tout d'abord étudier les monuments antérieurs au vii° siècle que l'on trouve dans le nord et le centre de l'Inde.

Ces monuments sont d'ailleurs assez connus. Ils sont quelquefois jaïniques, mais presque toujours bouddhiques, de telle sorte qu'on peut appeler « époque bouddhique » la période de l'histoire monumentale de l'Inde depuis Asoka jusqu'au vi° siècle de notre ère.

Nous montrerons que c'est dans l'art bouddhique qu'il faut chercher les origines de l'art Dravidien, et que, presque tous les motifs d'ornementation des monuments hindous de l'époque bouddhique se retrouvent dans l'architecture du

(1) Fergusson et Burgess, *Histoire de l'architecture hindoue*, p. 167, et 168, vol. 1 (1910).

Consulter à ce sujet les ouvrages de M. A. Rea, Directeur du service archéologique de la Présidence de Madras, en particulier : « *South Indian Buddhist antiquities* ».

Sud de l'Inde. En un mot, l'art Dravidien dérive de l'art bouddhique, par voie d'évolution, comme le gothique dérive du roman.

A part de nombreux restes préhistoriques, on peut dire qu'il n'existe pas dans l'Inde, de documents archéologiques qui soient antérieurs à Asoka. La raison en est certainement que la plupart des monuments étaient construits en bois. C'est en briques et en bois qu'était bâti le palais de Chandragupta à Pâtaliputra, dont parle Mégasthènes (300 ans environ avant J.-C.). En tous cas les plus anciens monuments connus, qui datent d'Asoka (270-231), nous montrent qu'à cette époque les Hindous avaient atteint une grande perfection dans l'art de travailler la pierre.

Nous diviserons donc l'histoire de l'art bouddhique en trois périodes principales :

1° La période d'Asoka (iiie, iie et ier siècles avant J.-C.).

2° La période de Kanishka (trois premiers siècles de notre ère).

3° L'époque des Guptas (ive et ve siècles après J.-C.).

# CHAPITRE PREMIER

## CARACTÈRES GÉNÉRAUX DE L'ARCHITECTURE DE L'ÉPOQUE D'ASOKA

Trois causes semblent avoir influé sur l'architecture de l'époque d'Asoka :

1° L'imitation, dans la pierre, des ouvrages en bois.

2° L'emprunt de motifs d'ornementation de l'Assyrie et de la Perse.

3° L'adaptation aux cultes bouddhique et jaïnique.

Nous allons essayer de montrer l'influence de ces différents facteurs.

### § 1. — L'imitation dans la pierre des ouvrages en bois.

1° *La balustrade.* — Le motif le plus commun et le plus général dans les monuments de l'époque d'Asoka est ce que nous appellerons la balustrade. Elle sert tantôt de barrière (par exemple autour des topes), tantôt de parapet au bord des balcons. On la trouve sculptée dans la pierre, mais il est très visible que c'est la copie d'un ouvrage en bois.

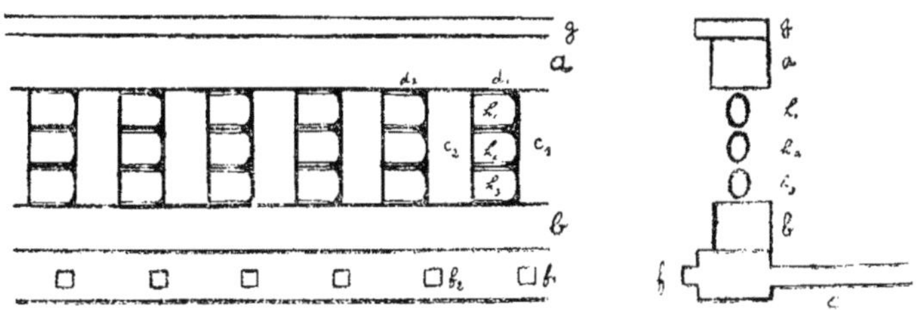

Fig. 1. — Balustrade de l'époque d'Asoka.

Une balustrade est formée toujours de deux poutres horizontales $a$ et $b$ (fig. 1) reliées par des balustres verticaux $c_1$, $c_2$, etc., laissant entre eux des espaces $d_1$, $d_2$, etc. Ces balustres ont l'air d'être reliés par des poutres cylindriques horizontales formant, suivant le cas, deux ou trois rangs qui apparaissent dans les espaces $d_1$, $d_2$, $d_3$, en forme de tores.

La partie supérieure de la balustrade présente ordinairement un rebord $g$ (fig. 1) qui forme cimaise.

Les plus célèbres balustrades de cette époque sont celles qui entourent les topes de Bouddha-Gayâ, de Sânchî et de Barhut.

Certaines fenêtres grillées (fig. 2) sont formées par un entrecroisement de poutres identiques à la balustrade. On trouve des fenêtres grillées notamment à Bhâjâ et à Bedsâ.

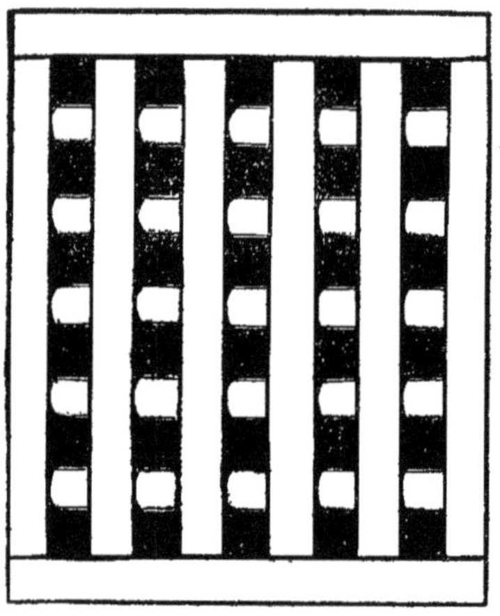

Fig. 2. — Fenêtre taillée dans le roc à Bhâjâ.

2° *Les poutres mortaisées.* — Le plus généralement ces balustrades servent d'allège pour les balcons placés devant les fenêtres. La plinthe de la balustrade est alors posée sur une poutre qui est très caractéristique, parce qu'à des intervalles réguliers, elle a été percée de mortaises carrées ou rectangulaires et que l'on voit sortir de ces mortaises les tenons ($f_1$ et $f_2$, fig. 1) qui traversent les mortaises. Ces tenons sont les extrémités des solives ($e$ dans la fig. 1) qui supportent le parquet du balcon.

3° *Les portes et les fenêtres.* — La forme des ouvertures

A. — Façade du chaitya de Bhâjâ.

B. — Muraille sculptée à Karli

A.    Chapiteau persépolita'n à l'entrée du vihàra de Bhàja

B. --- Dagobas à Bhàja

est extrêmement caractéristique. La figure 3 montre le type le plus ordinaire de ce genre d'ornementation.

Le dessus de la porte (fig. 3) est constitué par toute une armature de bois destinée à supporter l'extrémité d'un toit formant une voûte en berceau.

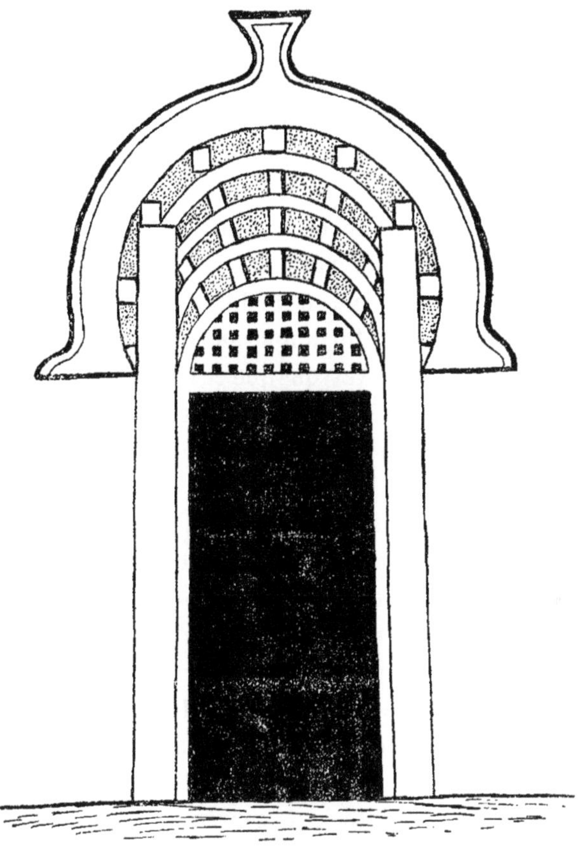

Fig. 3. — Porte de l'époque d'Asoka.

Les deux jambages qui forment, de chaque côté, l'encadrement de la porte sont constitués par deux poteaux d'huisserie. Ceux-ci ordinairement ne sont pas absolument parallèles, de telle sorte que la porte est plus large en bas qu'en haut. Ces deux poteaux qui forment chambranles et qui sont

réunis par une poutre constituant le linteau de la porte, se
prolongent beaucoup plus haut, de manière à soutenir les
sablières dont les abouts sont souvent apparents. Au-dessus
du linteau se trouve un espace en forme de demi-cercle souvent grillagé, et au-dessous, les deux poteaux sont réunis
par des cerces arquées comme des jantes et jointes par des
rayons perpendiculaires, sorte d'aisseliers. Ces jantes ne
sont pas concentriques, mais les rayons convergent vers le
centre de la porte, de telle façon que cet ensemble de jantes
et de rayons donne l'impression d'une voûte en berceau vue
en perspective.

Le tout supporte une sorte de cintre en forme d'arc outrepassé ou souvent simplement en demi-circonférence. Cet arc
n'est autre chose que l'extrémité d'un toit constitué par une
voûte en berceau. Nous lui donnerons le nom de « fer-à-cheval » bouddhique. Nous verrons que ce motif d'ornementation
subsistera, jusque dans les monuments dravidiens les plus
modernes sous la forme de ce qu'on appelle en tamoul « coudou ».

Ce toit en berceau est soutenu par des pannes, elles-mê-
mes posées sur des cerces, qui, dans cette sorte de comble,
remplacent les arbalétriers de chacune des fermes.

En général le tout est sculpté dans la pierre, mais ce n'est
point une hypothèse que nous faisons en disant que c'est la
copie exacte d'ouvrages en bois. On sait en effet que le grand
chaitya de Kârli est construit de cette manière ; mais les jantes et les rayons de l'entrée y sont réellement en bois ainsi
que les cerces qui, à l'intérieur, servent d'arbalétriers.

Le « fer-à-cheval » bouddhique est soutenu par des abouts
de pannes qui sont très visibles. Nous ferons à ce sujet une
observation : il semblerait plus naturel de disposer les pannes
comme dans la figure 4 (a), mais il n'en est jamais ainsi : elles
sont placées comme dans la figure 4 (b), c'est-à-dire qu'elles
ne s'appliquent pas contre la toiture : leurs faces sont toujours
placées dans le sens vertical ou dans le sens horizontal.

A la partie supérieure du « fer-à cheval » se trouve un prolongement en forme de V que nous retrouverons dans l'art dravidien sous le nom de « simha-mougam » (1).

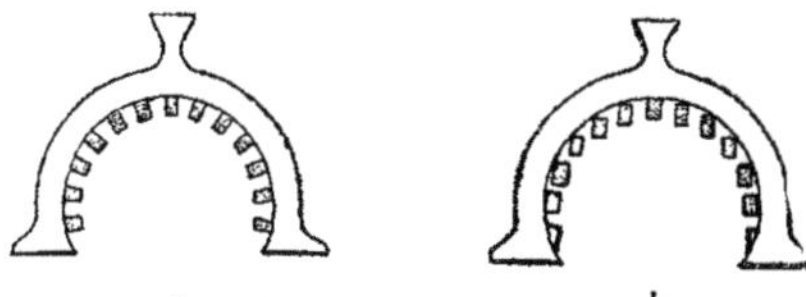

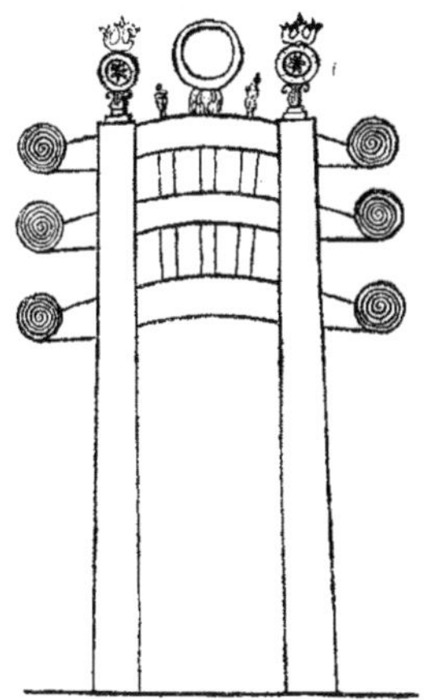

Fig. 4. — Montrant la disposition des abouts de pannes du « fer-à-cheval » bouddhique.

Telle est la forme des portes et fenêtres lorsqu'elles servent d'ouvertures. Mais lorsque les portes étaient purement décoratives comme celles qui étaient placées près des topes, elles gardaient la même apparence. Nous ne pensons pas qu'on puisse donner d'autre explication de la forme étrange des célèbres portes de Sânchi qu'en remarquant que ce sont simplement des portes du modèle ordinaire, mais auxquelles on aurait supprimé le « fer-à-cheval ».

Dans la figure 5 est représentée d'un façon schématique

Fig. 5. — Porte de Sânchi (schéma).

une des portes de Sânchi ; si on la compare avec la porte

(1) Parce qu'on y sculpte ordinairement une tête de simha (lion hindou).

représentée par la figure 3, on constatera une incontestable
ressemblance de structure : La porte de Sànchi est une porte
du type ordinaire à laquelle on aurait enlevé le fer-à-cheval.

Les extrémités des poutres sont ornées de volutes (peut-être
d'origine iranienne) qui occupent à peu près la place des
abouts de pannes.

4° *Les combles.* — Nous avons dit que le fer-à-cheval bouddhique s'explique par la forme des toitures.

L'aspect intérieur de ces toits nous est donné par les voûtes
en berceau qui semblent soutenues par ces cerces de bois
dont nous en avons un exemple dans le chaitya de Kârli
(fig. B, Pl. VI).

On peut juger de leur aspect extérieur en examinant les
bas-reliefs de l'époque d'Asoka sculptés sur les balustrades
de Barhut ou de Sânchi.

Il est certain que cette forme hémicylindrique des toits était
générale dans l'Inde à cette époque. Ce genre de structure est
probablement indigène, et c'est sans doute ainsi qu'étaient
bâties les huttes des habitants primitifs de l'Inde. Remarquons en effet que les toitures des cabanes de ces Todas
qui habitent dans le Sud de l'Inde les montagnes des Nilgiri
affectent cette même forme en berceau (fig. 6). Les entrées

Fig. 6. — Hutte de Todas des Nilgiri.

de ces cabanes se trouvent aux deux extrémités de la voûte,
de telle sorte que le rebord du toit forme un arc qui rappelle
le « fer-à-cheval » bouddhique (1). Il est très vraisemblable

(1) On voit même au sommet des huttes de Todas des morceaux de

A.    Intérieur du vihâra de Bhâja (III siècle avant J.-C.).

B.    Vihâra à Nâsik (Nâhapana cave) (III siècle avant J.-C.).

A. — Entrée du chaitya de Nàsik (II° siècle avant J.-C.).

B. — Intérieur du chaitya de Nàsik (II° siècle avant J.-C.).

que les anciens indiens construisaient leurs huttes comme celles des Todas et de là l'origine des voûtes cintrées que l'on trouve dans tous les chaityas bouddhiques.

Dans ces chaityas le toit est supporté par des piliers représentant les poteaux de la charpente. Il est à remarquer que ces piliers ont toujours la forme de prismes à huit faces, ce qui augmente leur ressemblance avec des poteaux équarris. En outre, ces piliers ne sont ordinairement pas absolument verticaux, mais inclinés comme pour mieux supporter la poussée de la voûte. Ceci est visible dans la fig. A, Pl. I, qui représente l'entrée du chaitya de Bhâjâ.

Cependant dans la plupart des chaityas on a ajouté des bas-côtés (fig. 7) autour de la nef centrale, de telle sorte que les toits de ces bas-côtés peuvent servir d'arc-boutants, et les piliers qui supportent la voûte ont moins besoin d'être inclinés.

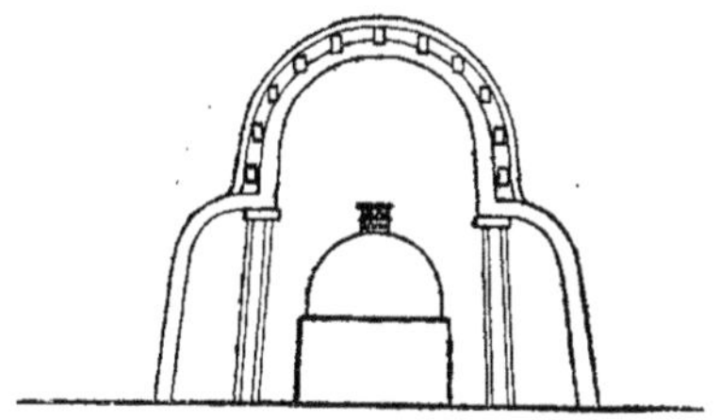

Fig. 7. — Coupe du chaitya de Bhâjâ.

5° *La corniche à gradins.* — Le motif architectural le plus curieux est une sorte d'encorbellement qui, dans la plupart des ouvrages de cette époque, forme corniche. Il existe dans presque tous les « this » qui surmontent les dagobas et les topes.

Nous prendrons comme exemple les encorbellements placés au-dessus des deux fenêtres qui sont à droite et à gauche de l'entrée du chaitya de Bhâjâ (fig. 8 et 10).

C'est une superposition d'entablements en forme de gra-

bois plantés verticalemeut et qui semblent expliquer la partie en forme de V qui surmonte le « fer-à-cheval » bouddhique.

dins, de sorte que l'ensemble rappelle un escalier renversé.
Ce genre d'encorbellement forme le tailloir de beaucoup de
colonnes bouddhiques.

Il n'est pas certain que ce soit la représentation d'ouvrages

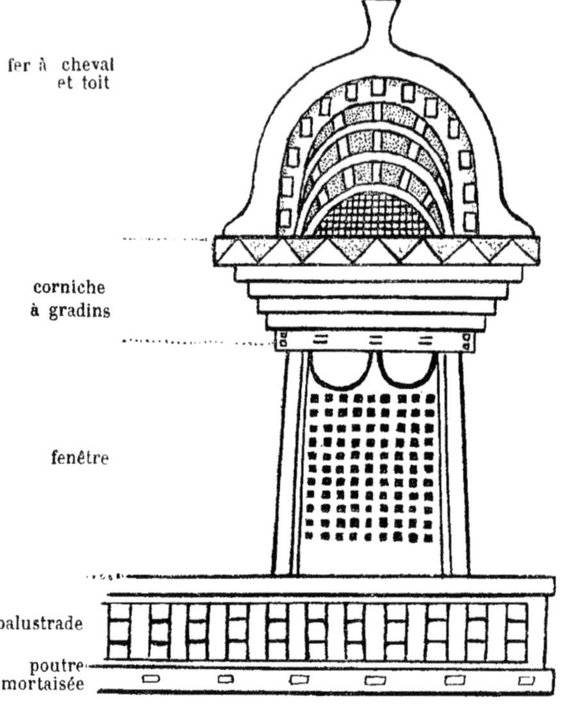



FIG. 8. — Ordre bouddhique. Imitation de fenêtre à Bhâjâ.

en bois. Nous serions plutôt tenté de croire que ces curieux
encorbellements étaient faits d'assises de briques, chaque
brique surplombant celle qui était placée au-dessous (1).

Ce motif architectural, qui est général dans les monuments
les plus anciens, semble avoir disparu dans les monuments
moins anciens de cette même époque d'Asoka. Ainsi à Kârli

(1) Le premier et le dernier gradin étaient en bois : on y voit presque
toujours des mortaises. Au contraire les gradins intermédiaires ne sont
jamais mortaisés.

(fig. B, Pl I.) la corniche à gradins disparaît et il ne reste qu'une poutre qui sert à la fois de linteau, d'entrait et de tirant.

6° *Pilier à section alternativement carrée et octogonale.* — Dans les balustrades, les poutres verticales (fig. 1, $c_1$, $c_2$) étaient ordinairement de section carrée. Nous avons vu d'autre part que les piliers qui supportent les voûtes ont généralement une section octogonale.

Mais souvent un même pilier ou un même poteau est de section carrée dans certains endroits et octogonale en d'autres comme le montre la fig. 9 (*a* et *b*). Les faces des parties dont la section est un carré sont souvent ornées de disques dont lesquels sont sculptées des fleurs de lotus. Ce genre de pilier est fréquent, notamment dans les balustrades de Bouddha-Gayâ et de Barhut. Ce sont de semblables colonnes que l'on voit encore à l'entrée de la cave de Ganésa à Udayagiri. Nous retrouverons ce genre de pilier dans l'architecture dravidienne.

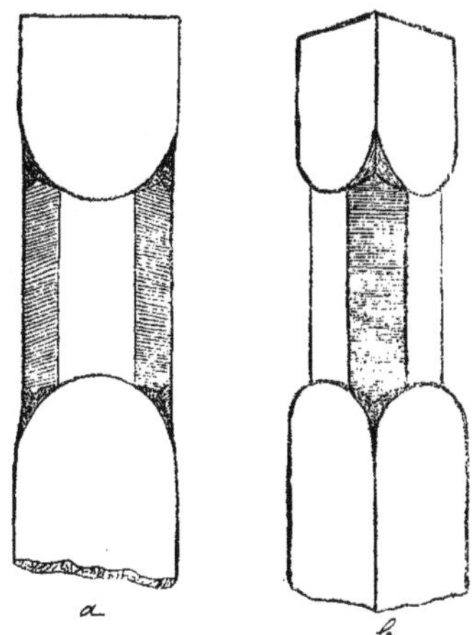



Fig. 9. — Pilier à cubes de l'époque d'Asoka.

*Conclusion.* — Ordre bouddhique.

Considérons par exemple la fig. B, Pl. I, qui représente un mur sculpté à l'entrée du chaitya de Kârli. Nous remar-

querons des étages superposés, chaque étage présentant la
même succession de motifs. Il serait peut-être permis d'appeler *ordre bouddhique* cette structure que possèdent toutes
les constructions de cette époque. Cet ordre est le suivant:
de bas en haut (fig. 10) :

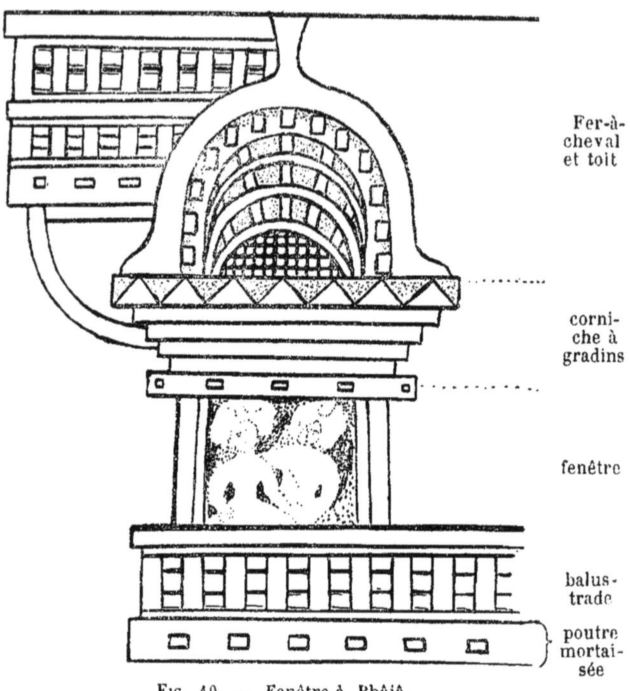


Fig. 10. — Fenêtre à Bhâjâ.

1° Une poutre mortaisée supportant les solives dont les
tenons sont apparents :

2° Une balustrade ;

3° Une fenêtre ;

4° Un entablement constitué par un linteau auquel on
ajoute souvent une corniche à gradins :

5° Un toit orné du « fer-à-cheval ».

Tels sont les éléments constitutifs des édifices de bois qu'on
trouve reproduits dans la pierre sur les monuments de l'époque d'Asoka.

Chose très remarquable, les attiques (pancharams) des monuments dravidiens de l'époque Pallava présentent absolument la même disposition.

### § 2. — Influences perses et assyriennes.

Vers 512 avant J.-C. une partie du nord de l'Inde fut conquise par Darius et transformée en satrapie. Il ne faut donc pas s'étonner de trouver dans la décoration des monuments, des influences perses et assyriennes.

On a constaté depuis longtemps que les colonnes d'Asoka sont ornées de frises avec palmettes, olives et pirouettes, dont le dessin est assyrien (fig. 11 et 12).

Fig. 11. — Frise assyrienne sculptée sur la colonne d'Asoka à Allahabad.

Fig. 12. — Frise sculptée sur la colonne d'Asoka trouvée à Sankisà (entre Mathurà et Kanauj).

Un motif d'ornementation très employé comme frise dans les monuments de l'époque d'Asoka, ce sont des merlons (fig. 13, A), qui rappellent ceux qui couronnaient ordinairement les murs des palais assyriens.

L'influence de la Perse est surtout manifeste dans les chapiteaux des colonnes. On peut distinguer dans ces chapiteaux quatre parties qui sont de bas en haut :

1° Au-dessus du fût un motif d'ornementation campanulé

Fig. 13. — A. Merlons — B. Lions ailés.

qui rappelle la forme d'une cloche. Sur les colonnes d'Asoka

Fig. 14. — Chapiteau d'une colonne d'Asoka.

(fig. 14), cette « cloche » est très légèrement rebroussée à la partie inférieure. C'est probablement la forme la plus ancienne, qui se rapproche beaucoup de l'ornement campanulé que l'on trouve au-dessus du fût dans les chapiteaux à tête de taureaux de Suse. A Kârli (Planche VII) et à Nasik (fig. B, Pl. III), ce rebroussement est devenu un anneau assez proéminent, et il s'est formé au-dessus un étranglement.

2° Au-dessus de la « cloche » se trouve un ornement qui dans les colonnes d'Asoka et à Bhàjà (fig. A, Pl. II) est un simple câble. A Kârli (Pl. VII) et à Nàsik (fig. B, Pl. III), c'est une sorte de reliquaire en forme de cassette bouddhique. Mais il est probable que ce reliquaire cubique ne fut qu'une mode provisoire dans la région (Nàsik et Kârli sont à peu de distance), et que cette mode ne s'étendit pas ailleurs ;

3° Un tailloir qui dans les colonnes d'Asoka est un cylindre aplati, mais qui dans la plupart des autres chapiteaux de cette époque est la curieuse corniche à gradins dont nous avons parlé précédemment ;

4° Ce tailloir supporte généralement des animaux. Ce sont tantôt des éléphants, tantôt des chevaux (comme à l'entrée du chaitya de Bedsâ), tantôt des taureaux ou des lions. Ces lions sont souvent ailés, ce qui rend la ressemblance avec les motifs perses tout-à-fait frappante (fig. 13, B).

Les sculpteurs se sont souvent amusés à donner à ces animaux des têtes fantaisistes. A Bhâjà (Pl. II, fig. A) ce sont des sortes de centaures ; à Nàsik on voit des têtes de perroquets ; à Pitalkhorà des têtes de femmes ou de monstres.

La ressemblance avec les chapiteaux à têtes de taureaux de Suse a été remarquée depuis longtemps, et on donne le nom de « chapiteaux persépolitains » aux chapiteaux hindous dont les tailloirs supportent des animaux. On admet ainsi que les Hindous ont emprunté cette idée à la Perse, bien que rien ne prouve qu'au contraire ce ne soient les Perses qui aient importé chez eux un motif hindou. Il y a cependant cette différence que les taureaux de Suse supportent directement l'architrave, tandis que les animaux hindous sont simplement posés sur le tailloir à côté de l'architrave. Cependant, en examinant par exemple le chapiteau orné de taureaux de la cave n° 8 à Nâsik (fig. B, Pl. III) (pilier au centre de la figure), il est impossible de douter de la parenté avec le motif perse).

Excepté dans les colonnes d'Asoka (où le fût est cylindrique comme dans les colonnes de la Perse), les fûts de ces piliers sont des prismes à section octogonale. Les bases de ces piliers sont souvent des sortes de pots, supportés par des marches. Le fût semble sortir du vase. Ce genre de base semble à peu près le symétrique du chapiteau. Les marches correspondent à la corniche qui forme tailloir, et le vase de la base correspond à la cloche du chapiteau.

§ 3. — Influences religieuses.

Tous les monuments de l'époque d'Asoka sont des monuments religieux. Ils ont été construits soit pour garder des reliques, soit pour réunir des disciples, soit pour abriter des moines. Aussi peut-on classer les monuments selon l'usage auquel ils étaient destinés, car c'est cette destination qui a déterminé leur forme architecturale.

Ces monuments sont de trois sortes :

1° Les stûpas (1), ou dagobas.

2° Les vihâras.

3° Les chaityas.

1° **Stûpas et dagobas.** — Les stûpas (vulgairement appelés topes) sont des sanctuaires bouddhiques (fig. B, Pl. II). On les désigne ordinairement sous les noms de dagobas quand ils étaient placés au fond du chaitya à la place de l'autel dans les églises chrétiennes ; mais dans les deux cas leur forme est identique.

_______________

(1) Prononcer stoupa.

A. — Entrée du grand chaitya de Kàrli (II' siècle avant J.-C

B.     Sculptures à l'entrée du chaitya de Kàrli

A. — Porte à Kârli (II<sup>e</sup> siècle avant J.-C.).

B.     Intérieur du chaitya de Kârli (II<sup>e</sup> siècle avant J.-C.).

Ils servaient souvent de reliquaires : dans un très grand nombre d'entre eux on a trouvé des châsses contenant des reliques ; beaucoup cependant servaient simplement d'emblèmes.

On peut distinguer six parties da nsle stûpa :

1° Une balustrade ordinairement circulaire, quelquefois rectangulaire.

2° Un piédestal carré ou circulaire.

3° Un hémisphère de pierre ou de brique.

4° Placé exactement au sommet de cet hémisphère, un petit édifice cubique destiné peut-être à contenir des reliques et qui porte le nom de « thi » (1). Ce thi est orné généralement d'une ou deux balustrades jusqu'à demi-hauteur.

5° Souvent ce thi est couronné d'une corniche à gradins. Le nombre des gradins n'est pas fixe (ordinairement quatre, cinq ou six). Le gradin supérieur est souvent orné d'une balustrade. Cette corniche ne devait pas être indispensable, car beaucoup de stûpas en sont dépourvus.

6° Un ou plusieurs parasols (2).

Il est probable qu'au début chaque stûpa n'était surmonté que d'un seul parasol, plus tard ils deviendront innombrables. Dans la figure B, Pl. II, on voit le parasol sculpté dans la pierre du plafond au-dessus du dagoba.

Le dagoba qui sert de sanctuaire dans le chaitya de Kârli a eu le privilège de conserver le parasol en bois qui le surmontait (fig. B, Pl. II).

Quelquefois les stûpas étaient groupés comme les tombes dans un cimetière.


Les principaux topes de l'époque d'Asoka sont :

Celui de Jarâsandha-ka-baithak à Râjgir. Sa forme est

(1) En sanscrit « harmikà ».

(2) Le parasol était un emblème de royauté comme la couronne en Europe.

carrée, ce qui le distingue de la plupart des autres topes qui sont hémisphériques. C'est peut-être aussi le plus ancien : il serait antérieur à Asoka.

Les topes de Bhilsâ, dont le plus célèbre est le grand tope de Sânchi, surtout remarquable par ses portes ; celle du sud porte une inscription du Sàtàkarni, de la dynastie des Andhras, qui régnait probablement vers 155 avant J.-C. Le tope de Sânchi fait partie des monuments de l'Inde les plus connus.

Sur les bords de la Krishna et du Godàvàrî, on a découvert des restes nombreux d'anciens topes. Les sculptures dont ils sont couverts indiquent que quelques-uns sont de l'époque d'Asoka.

**2° Les viháras.** — Les viháras sont des monastères bouddhiques ou jaïniques : groupes de cellules creusées dans le roc sur les flancs des montagnes.

Nous dirons que ce sont des « caves » dans le sens du mot latin « cavea » c'est-à-dire excavation. Ce sont, en effet, des cavités pratiquées dans le flanc des montagnes, cavernes creusées dans le roc vif en forme de salles souvent très richement ornées. Nous aurons d'ailleurs souvent à employer ce mot, car du IIIe siècle avant J.-C. au IXe de notre ère, les Hindous, ingénieux troglodytes, ne cessèrent de sculpter des « caves ».

A ce sujet on trouve dans certains ouvrages une opinion bien erronée. Les auteurs expliquent l'existence des caves dans l'Inde par cette raison que les premiers hommes habitèrent des cavernes, et que les Hindous conservèrent cette habitude. L'étude des plus anciennes caves nous a montré que celles-ci étaient la reproduction dans la pierre des ouvrages en bois et qu'il faut en conclure que les Indiens construisirent des maisons de bois avant de creuser la pierre. Ce serait d'ailleurs les croire bien primitifs que de penser qu'ils n'ont jamais su construire des huttes.

Il ne faudrait pas croire non plus qu'ils creusèrent des rochers parce qu'ils ne surent pas comme les autres peuples extraire les pierres et les ajuster. Les colonnes d'Asoka et les portes de Sânchi qui sont contemporaines des plus anciennes caves prouvent bien que les Hindous savaient parfaitement élever des monuments de pierre à ciel ouvert.

L'explication du fait que pendant douze siècles les Hindous creusèrent les rochers est facile à trouver cependant.

Les grandes religions de ces époques, le bouddhisme et le jaïnisme, prêchaient aux hommes l'excellence de la vie du cloître. On vit alors des multitudes d'anachorètes qui recherchaient l'isolement, fuyaient les habitations des hommes et se retiraient dans les montagnes désertiques. La méditation religieuse n'aime pas les vastes horizons qui dispersent l'attention ; les ténèbres lui sont favorables. Et de même que les chrétiens d'Egypte s'ensevelirent dans les hypogées de la Thébaïde, les religieux de l'Inde taillèrent des souterrains dans le flanc des montagnes, afin d'y trouver la solitude et l'obscurité propices au Nîrvàna.

Ils pensaient sans doute aussi qu'il est plus facile de transformer en temple la carrière elle-même, plutôt que d'évider pareillement la roche, mais pour la découper en morceaux, dresser, ravaler, layer ces morceaux, les transporter dans la plaine, creuser le sol pour établir des fondations, construire des échafaudages de bois, soulever les pierres, les poser les unes sur les autres, les ajuster et les réunir avec du mortier, et tout cela pour obtenir un édifice exposé de toutes parts à l'érosion et qui nécessite un entretien continuel.

Cette coutume d'habiter des souterrains existait déjà à l'époque du Bouddha puisque, si on en croit la tradition, il aurait habité une caverne près de Râjagriha et que Kaçyapa son disciple aurait réuni 500 religieux dans la grotte de Sattapani.

On peut distinguer trois parties dans un vihâra :

1° Un péristyle creusé dans le roc et placé à l'entrée de la cave. Le plafond en est ordinairement supporté par une rangée de piliers sculptés à la manière de l'époque. Il n'y a jamais de balustrade réunissant les bases des piliers (voir par exemple, fig. B, Pl. III).

2° Une salle intérieure qui sert de vestibule à un grand nombre de cellules. Les portes, ornées du « fer-à-cheval » bouddhique, sont reliées par des balustrades qui sont l'ornement ordinaire de cette salle. Le plafond n'est jamais soutenu par des piliers et M. Burgess a fait observer que cette absence de piliers est un caractère distinctif des anciens vihâras.

3° Les cellules qui entourent cette salle sont ordinairement petites et obscures. Burgess a fait remarquer (1) également qu'elles contiennent toutes une sorte de lit en pierre (et quelquefois deux lits), tandis que ces lits manquent absolument dans les vihâras plus modernes, probablement parce qu'aux époques postérieures les lits de pierre furent remplacés par des lits de bois.

Les vihâras d'Udayagiri (côte d'Orissa) sont probablement jaïniques. Un des plus anciens est celui d'Hâthigumphâ qui porte une inscription de Khâravêla, qui régnait dans la région (Kalinga) vers 155 avant J.-C. La cave de Ganésa qui lui est sans doute contemporaine est remarquable par une rangée de cinq piliers, dont trois, qui sont encore debout, sont de section carrée à la base et au sommet, et de section octogonale au milieu et sont ainsi analogues au pilier que nous avons représenté figure 9, et à ceux que nous retrouvons dans l'art dravidien de l'époque Pallava.

Enfin, le monastère à deux étages appelé Râni-gumphâ qui, de même que la cave de Ganésa, est orné de très intéressants bas-reliefs.


(1) Fergusson et Burgess, *History of Indian Architecture*, tome I, p. 177 (1910).

Chapiteaux à l'intérieur du chaitya de Kârli (II⁰ siècle avant J.-C.)

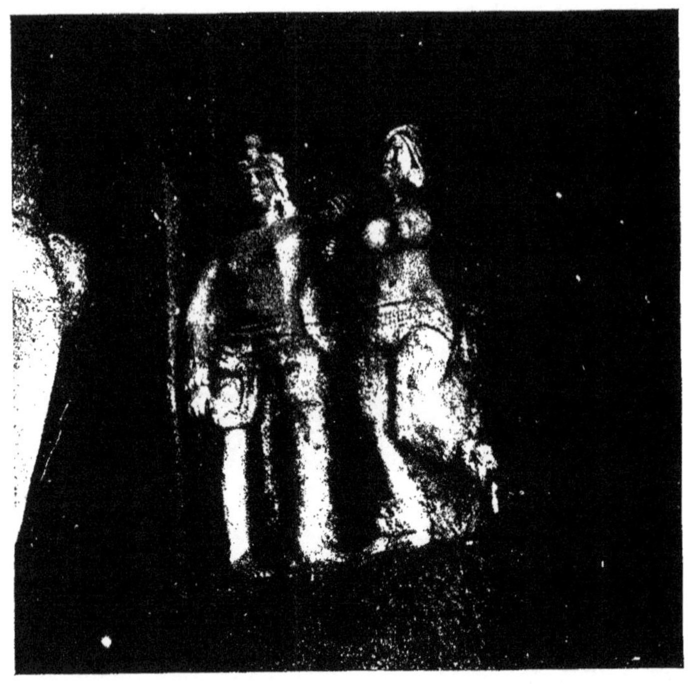

A. — Bas-relief à Kârli (IIe siècle avant J.-C.)

B. Char du soleil à Bhaja (IIIe siècle avant J.-C.)

Les vihâras de l'ouest sont bouddhiques. Les principaux sont ceux de Bhâjâ, Bedsâ, Ajaṇṭà (cave n° 12), Nâsik (caves n°s 14, 8 et 12).

*Le vihâra de Bhâjâ.* — Les caves de Bhâjâ sont à peu de distance de la station de chemin de fer de Kârli (85 miles anglais de Bombay et 34 miles de Poona). On compte parmi elles, un chaitya (fig. A, Pl. I), des deux côtés duquel se trouvent des vihâras sans importance. A quelques pas à droite on rencontre un groupe de curieux dagobas (fig. B, Pl. II) et à quelques pas encore dans la même direction se trouve le très intéressant vihâra (fig. 15). Le péristyle aujourd'hui ruiné était supporté par des piliers à section alternativement carrée et octogonale. A droite deux bas-reliefs. Le plus remarquable (fig. B, Pl. VIII) représente un personnage conduisant un char à quatre chevaux ; deux domestiques portent un chasse-mouches et un parasol. On a cru reconnaître Sourya conduisant le char du Soleil.

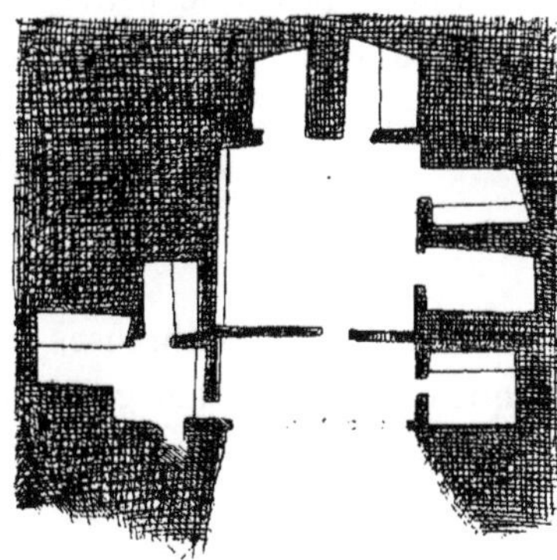

Fig. 15. — Plan du vihâra appelé « cave du soleil » à Bhâjâ.

A gauche de la véranda se trouve un pilier persépolitain qui est représenté dans la figure A (Pl. II). La figure A (pl. III) montre l'intérieur de ce vihâra, qui est peut-être le plus ancien que l'on connaisse (III° siècle avant J. C.).

*Les vihâras* (n°s 14, 12 et 8) *de Nâsik.* — Nâsik (près de la source du Godàvàri) se trouve à quelques kilomètres de la gare de ce nom. Si on vient de la gare et que, un peu avant d'arriver à la ville, on prenne à gauche une route qui s'enfonce dans la campagne, on arrive en face de plusieurs collines en forme de cônes et assez escarpées. C'est à mi-côte de l'un de ces monts que se trouvent les caves célèbres.

Il y a un chaitya et une douzaine de vihâras. Le plus ancien de ces vihâras se trouve au-dessous et un peu à gauche du chaitya. Il est à moitié enfoui dans la terre et il serait à souhaiter qu'il fût entièrement déblayé. Il porte le n° 14 et ressemble beaucoup à celui de Bhâjà.

Le vihâra n° 12 se trouve à côté et à droite du chaitya.

Le plus remarquable de ces vihâras est celui qui porte le n° 8 (fig. B, Pl. III). Les piliers de la façade sont presque identiques à ceux du chaitya de Kârli.

*Vihâras de Guntupalle.* — Dès l'époque d'Asoka, des Bouddhistes s'installèrent près de l'embouchure du Godavéry et de la Krichna.

M. Rea a découvert des topes et de petits vihâras près de Guntupalle et ces monuments montrent que l'art du Sud n'était pas différent de celui du Nord.

3° **Les chaityas.** — Il y a de nombreuses analogies entre le chaitya bouddhique et la cathédrale gothique. Tous deux sont destinés à réunir les fidèles. Ils ont une nef centrale qui se termine par une abside. Au fond de la nef le dagoba bouddhique correspond à l'autel chrétien. Cette nef est placée entre deux rangées de colonnes et il y a deux bas-côtés qui se rejoignent derrière l'abside. Les cerces qui supportent la voûte de la nef ont l'aspect de nervures et d'arcs doubleaux ; cette ressemblance est frappante dans l'abside.

Trois portes donnent accès dans le chaitya, et le cintre en « fer-à-cheval » qui les orne leur donne l'aspect d'un porche chrétien. Comme dans les basiliques, la porte centrale correspond à la nef tandis que deux autres correspondent aux bas-côtés. Au-dessus de la porte centrale, le mur supporte une sorte de tribune, mais comme ce mur ne s'élève pas plus haut que la tribune et laisse libre l'espace compris entre la tribune et la voûte, le mur qui ferme l'entrée de la nef donne l'impression d'un jubé et la nef est éclairée par la lumière qui passe entre la voûte et ce jubé, comme une cathédrale qui ne recevrait la lumière que par la rosace qui se trouve au-dessus du porche.

Les principaux chaityas de l'époque d'Asoka sont ceux de Bhâjâ (fig. A, Pl. I), de Bedsâ, de Nâsik (fig. A et B, Pl. IV), d'Ajaṇṭâ (cave N° 10) et de Kârli.

Un petit chaitya contenant un dagoba a été trouvé par M. Rea à Jilligerigudem, près de Guntupalle, dans le district de Godâvârî (1).

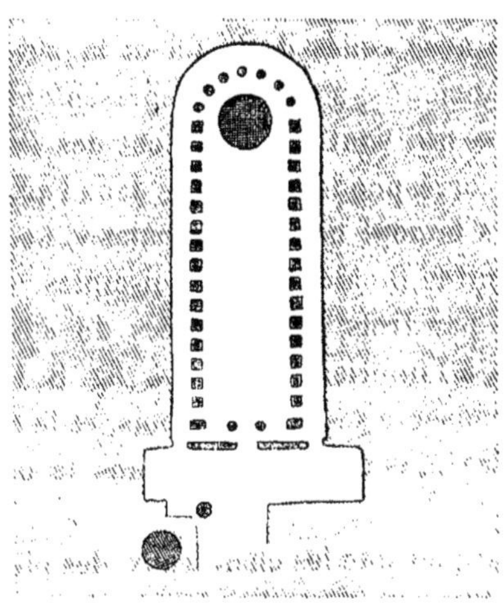

Fig. 16. — Plan du grand chaitya de Kârli.

Le chaitya de Kârli (2) est le plus vaste que l'on connaisse ;

(1) *Madras* G. O., Nos. 181 et 457 (1888). — *Journal of the R. Asiatic Society*, New Ser. Vol., XIX, pp. 508-511.
(2) La gare de Kârli se trouve sur la ligne de Bombay à Poona, à une trentaine de miles anglais de cette dernière ville.

c'est aussi un des plus beaux monuments de l'Inde (fig. 16).

Il est creusé à une centaine de mètres au-dessus de la plaine, dans le flanc d'une montagne gréseuse qui fait face à celle où sont les caves de Bhâjâ.

A gauche de l'entrée du chaitya (fig. 1, Pl. V) se trouve le fameux « stambha », colonne dont le tailloir supporte quatre lions (1).

On pénètre ensuite sous un péristyle dont le plafond est fort élevé. Les murs sont décorés de sculptures bouddhiques. La plupart d'entre elles sont de l'époque d'Asoka ; mais dans certains endroits, on en voit d'autres, postérieures d'environ cinq siècles, qui ont été ajoutées dans les trumeaux restés sans sculptures ; souvent aussi on a effacé des balustrades pour les remplacer par des bas-reliefs qui sont probablement du quatrième ou du cinquième siècle.

On peut ainsi aisément comparer les sculptures de l'époque d'Asoka avec celles de la fin de la période bouddhique. Les plus anciennes sculptures représentent des hommes et leurs femmes qui sont probablement des Dieux gardiens de la porte et correspondent à ce que dans l'art dravidien on appelle en pays tamoul des « dvarâpâlas ». Les plus modernes représentent le Bouddha et ses disciples.

On pénètre par trois portes ornées du « fer-à-cheval » (fig. A, Pl. VI), à l'intérieur du chaitya (fig. B, Pl. VI).

La voûte a conservé ses cerces de bois, et le dagoba garde depuis peut-être plus de deux mille ans le parasol qui le surmontait.

Il est à remarquer que les chapiteaux des piliers ont une grande ressemblance avec le dagoba : la cloche du chapiteau

---

(1) On a supposé que cette colonne était destinée à soutenir un emblème bouddhique. Il est possible cependant qu'il n'y ait eu aucun ornement au-dessus des lions : un des piliers de la nef, dans la rangée de droite, porte une image en raccourci de cette colonne et les lions ne supportent rien.

correspondrait à l'hémisphère du dagoba. Tous deux supportent un reliquaire cubique surmonté de la corniche bouddhique (Pl. VIII).

Le grand chaitya de Kârli n'est pas inférieur comme effet et comme inspiration aux plus belles de nos cathédrales.

Ce n'est point par des livres, dont on peut interpréter les idées de mille manières, que l'on peut juger des religions disparues. Pour apprécier le Bouddhisme de l'époque d'Asoka, il faut faire un pèlerinage à Kârli ; c'est là qu'il sera possible de comprendre quelle était l'élévation de la pensée religieuse hindoue plus de cent ans avant notre ère.

### Iconographie.

Les sculptures qui ornent les monuments de l'époque d'Asoka présentent deux caractères :

1° Les figures, les costumes des personnages, le décor qui les entoure, leurs mœurs, montrent une civilisation purement locale, qui ne ressemble pas aux civilisations occidentales de cette époque.

2° Les scènes, les ornements, les emblèmes représentent le Bouddhisme suivant la doctrine du Hînayâna.

Les costumes étaient extrêmement ornés. Les hommes n'ont jamais cette coiffure en forme de tiare qui sera presque générale plus tard : ce sont d'énormes turbans enroulés sur leur tête. Leurs oreilles portent des boucles et leur cou est orné de colliers. Ils n'ont jamais le cordon brahmanique. Ils n'ont pas non plus cette auréole qui nimbe la tête des saints bouddhiques de l'époque suivante. Ils portent des anneaux nombreux, des sabres, des lances et des arcs. Enfin, ils étaient probablement tatoués.

Les personnages sculptés sur les murs de Kârli ont un costume bien plus simple que ceux de Bhâjâ (1). Leurs tur-

(1) « The head-dresses of these and of all the other larger figures of

bans sont moins larges, ils n'ont pas de collier, les figures sont plus classiques (fig. A, Pl. VIII). Le pagne des hommes est attaché d'une manière assez variable et l'extrémité à petits plis retombe par devant, mais on remarque toujours un gros rouleau de toile qui passe au-dessus de la hanche droite et vient s'attacher par un nœud sur la cuisse gauche, de telle sorte que ce rouleau est incliné de la droite à la gauche du personnage et que celui-ci peut poser la main gauche sur le nœud.

Les femmes de Kàrli ont des coiffures très plates, leur poitrine est nue et leurs hanches sont couvertes d'une ceinture souvent insuffisante. Tandis que les hommes ne portent pas d'anneaux aux pieds. les femmes ont au contraire d'énormes rouleaux.

Si on en juge par le « char du soleil » (fig. B, Pl. VIII) de Bhâjâ, les chevaux avaient des plumets sur la tête et leurs harnais n'étaient pas très différents des nôtres.

Les guerriers étaient montés sur des chevaux, des éléphants et des chars.

Les chasse-mouches et les parasols étaient d'un usage courant.

En signe de prière, on joignait les mains (1) devant la poitrine et souvent au-dessus de la tête.

En outre du culte rendu aux dagobas et aux reliquaires on vénérait les arbres (qui étaient entourés d'une balustrade) et les serpents. On vénérait les insignes bouddhiques :

this cave not only differ from all the sculptures in later caves, such as those of Ajantâ and Elura, of from the fifth to the seventh century, but even from the much older of Kàrli, Nâsik, the paintings in cave X at Ajantâ, and the sculptures of Amarâvati, and apparently belong to an earlier age. » Burgess, *Buddhist cave temples*, 1883, p. 5.

Si l'on songe que Kàrli et Bhàjà sont à très peu de distance l'un de l'autre. on peut en présumer qu'il y a une grande différence d'âge (peut-être deux siècles) entre ces monuments.

(1) Cet acte est appelé añjali en sanscrit.

( a roue de la loi (cakra), l'empreinte des pieds du Bouddha
fig. 17), une sorte de trident appelé triratna (fig. 18), des
oies sacrées, l'arbre de Bodhi, etc...

Fig. 18. — Triratna.

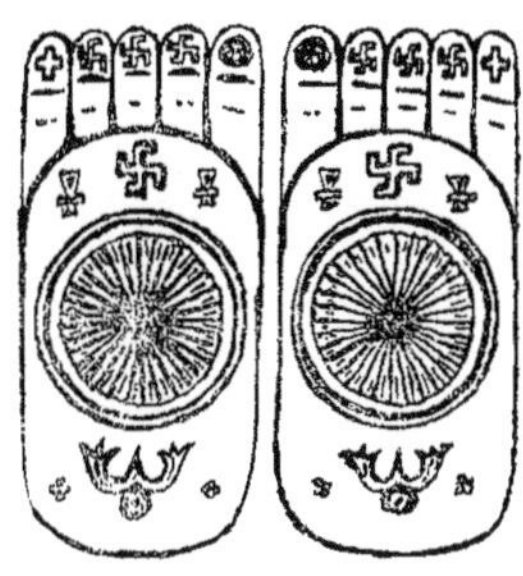

Fig. 17. — Empreinte des pieds
du Bouddha (à Amarâvatî).

Il est à remarquer que, de parti pris, on ne représente
jamais le Bouddha et ce fait est un des caractères iconogra-
phiques qui distingue le plus nettement l'époque d'Asoka
de l'époque de Kanishka que nous allons étudier tout à
l'heure.

Il faut avouer que l'art bouddhique de l'époque d'Asoka
ressemble peu à l'art dravidien, et cependant nous verrons
qu'il n'est pas un seul détail que nous ayons noté sur l'architecture de l'époque d'Asoka, qui ne se retrouve dans l'architecture dravidienne. La forme générale des monuments
n'est pas la même, mais leurs éléments constitutifs sont
identiques.

Presque tous ces insignes : roue de la loi, pieds du Bouddha, etc.. subsistent dans l'iconographie hindouiste du pays
dravidien, mais avec d'autres significations.

Les gardiens de la porte des chaityas deviendront les
« dvâlapâla » des temples hindous. La déesse Sri. qui est
souvent représentée sur les monuments bouddhiques, arrosée

par des éléphants, nous la retrouverons sous le nom de Gadja-Lakshmi, épouse de Vichnou. Comme les anciens Bouddhistes, les Dravidiens entourent les arbres de balustrades et vénèrent des images de Nâgas.

## CHAPITRE II

### L'ÉPOQUE DE KANISHKA ET L'ÉPOQUE DES GUPTAS

§ 1. — **L'époque de Kanishka (I*er*, II*e* et III*e* siècles de notre ère).**

Au commencement de l'ère chrétienne l'art hindou se modifie sensiblement. Essayons donc de caractériser ce changement.

1° *L'évolution de l'architecture bouddhique.* — Comme dans la période précédente, les monuments de l'époque de Kanishka sont des stûpas, des chaityas, des vihâras ; mais les motifs d'ornementation se transforment. On peut aisément constater ce fait en comparant le tope de Sânchî, le chaitya de Kârli et le vihâra n° 8 à Nâsik, qui sont de l'époque d'Asoka avec le tope d'Amarâvatî, le chaitya de Kanheri et le vihâra n° 3 à Nâsik (fig. A, Pl. IX), qui sont de l'époque de Kanishka.

Dans l'ouvrage *History of Indian Architecture* de Fergusson et Burgess, on trouve Tome I, page 185 (édition de 1910) une fort judicieuse comparaison entre les vihâras n° 8 (Nahapâna cave) et n° 3 (Gautamîputra cave) à Nâsik.

Comparons les façades de ces deux caves (fig. 19). Nous remarquerons d'abord que les balustrades de l'époque de Kanishka sont ornées de cercles contenant des fleurs de lotus. Cela n'était pas inconnu à l'époque d'Asoka : on trouve de ces fleurs de lotus dans quelques endroits de la balustrade de Barhut par exemple. Mais ce qui était l'exception à l'époque d'Asoka devient la règle à l'époque de Kanishka. Les balustrades de la cave n° 3 à Nâsik, représentée figure 19, sont en mauvais état, mais on peut en juger d'après des ba-

lustrades analogues qui existent dans tous les monuments
de cette époque. La plus remarquable est celle qui entourait
le tope d'Amaràvatî et dont on peut voir des fragments au
Musée de Madras.

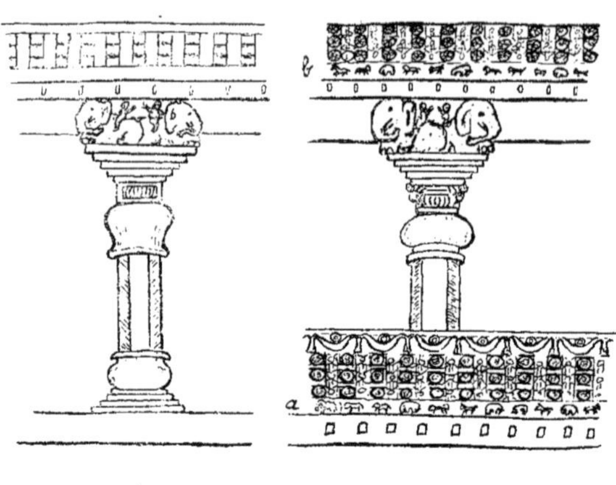

A       B

Fig. 19. — Vihâras à Nâsik.

A. Cave n° 8 (Nahapâna).
B. Cave n° 3 (Gautamîputra).


Aux deux extrémités de la façade de la cave n° 3 à Nâsik
se trouvent des piliers, dont l'un est représenté figure A, Pl.
IX, où l'on voit des fleurs de lotus selon la mode du temps.

Remarquons aussi que les colonnes de la cave n° 3 n'ont
pas de base, mais sont reliées par une balustrade.

Deux autres différences doivent attirer surtout notre attention :

1° La partie inférieure de la balustrade qui forme plinthe
et qui est exactement au-dessus de la poutre mortaisée est
ornée d'une façon très particulière (voir fig. 19 en A et B).
On voit une série d'animaux rangés en file indienne. Ces
animaux sont des éléphants, des chevaux, des lions, etc...
Ce motif d'ornementation n'est pas particulier à la cave
n° 3 à Nâsik, mais se voit dans toutes les balustrades de cette

époque. Nous retrouverons ce motif dans l'architecture dravidienne sous le nom de « varimànam ».

2° Le chapiteau du pilier de la cave n° 8 présente la forme
de cloche caractéristique de l'époque d'Asoka. Mais dans la
cave n° 3 cette cloche apparaît complètement transformée.
Le bourrelet inférieur s'est transformé en un bandeau circulaire bien détaché, et le haut de la cloche forme un bulbe
à peu près sphérique. Cette transformation est très remarquable ; nous verrons en effet dans l'art dravidien des chapiteaux bulbeux, dont on ne peut trouver l'origine que dans
le genre de chapiteau que nous venons de décrire.

Le chapiteau de la cave n° 3 possède encore une sorte de
reliquaire au-dessus du bulbe, mais cet ornement a dû disparaître pendant l'époque de Kanishka. Remarquons en effet
que les chapiteaux dans le chaitya de Kanheri (1) n'ont plus,
à cet endroit, qu'un filet de perles. Enfin à Nàsik il y a une
très intéressante petite cave, à l'entrée de laquelle se trouvent des colonnes (fig. 20) dont les chapiteaux n'ont aucun
motif d'ornementation à cet endroit. Par son aspect général
cette cave semble dater de la fin de l'époque de Kanishka.

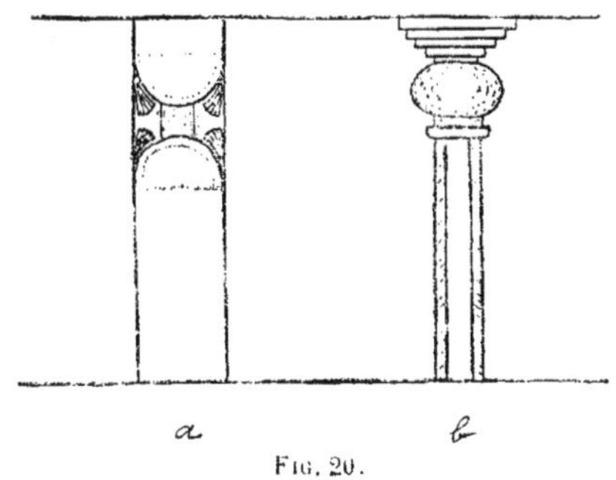

Fig. 20.

Telles sont les principales différences architecturales entre
l'époque de Kanishka et celle d'Asoka.

(1) Burgess, *Arch. Surv. of Western India. Buddhist cave temples,*
1883, plate XLI.

## 2° *Révolution dans la sculpture.*

A. *Influences occidentales.*— Si l'architecture semble avoir changé par voie d'évolution naturelle, du moins dans le centre de l'Inde, il n'en est pas de même de la sculpture.

Nous avions déjà remarqué des différences entre les sculptures de Bhâjâ et celles de Kârli. Il semble qu'à la fin de l'époque d'Asoka, les costumes étaient devenus plus simples, les visages plus réguliers. Mais lorsqu'on examine les sculptures de l'époque de Kanishka, telles que celles par exemple qui ornaient le tope d'Amarâvatî, la transformation est complète.

La ressemblance avec la sculpture grecque ou romaine est à ce point manifeste que si les sujets n'étaient pas bouddhiques, on serait souvent tenté de croire que c'est l'œuvre non pas de sculpteurs hindous, mais de sculpteurs européens. Cette influence est facile à expliquer. Certes, ce serait commettre un anachronisme que de l'attribuer à la conquête d'Alexandre, qui eut lieu pendant les années 326 et 325, c'est-à-dire plus d'un demi-siècle avant le règne d'Asoka. Mais depuis cette époque l'Inde ne cessa jamais d'avoir des relations avec les peuples de civilisation hellénique. Chandragupta contracta une alliance avec Séleucus Nicator et garda longtemps à sa cour le grec Mégasthènes. Dans ses édits, Asoka parle d'Antiochus de Syrie, d'Antigone Gonatas de Macédoine, de Magas de Cyrène, d'Alexandre d'Epire. Vers 175, pendant le règne du roi indo-grec Antialkidas, Héliodore, fils de Dion, éleva une colonne en plein pays hindou. De 155 à 153, le roi gréco-bouddhique Ménandre, qui régnait sur la vallée de Kaboul et le Pendjab, envahit le Sindh, le Gujarat et la province de Malwa.

Au commencement de notre ère, l'empire romain, qui étendait sur le monde entier la civilisation hellénique, eut des relations constantes avec l'Inde. Kadphises II, le prédécesseur de Kanishka, faisait frapper des monnaies sur le modèle de celles d'Auguste et de Tibère, et vers l'an 99 de notre ère, c'est sans doute ce même Kadphises qui envoya une ambassade à Trajan.

Pendant ce temps le Sud de l'Inde faisait un commerce très actif avec Rome, et c'est probablement l'empire romain qui apporta directement dans l'Inde, la manière de sculpter des Grecs. Il ne serait donc pas impossible que quelques-unes des sculptures du tope d'Amarâvatî soient dues à des artistes grecs ou romains.

Il suffit d'ailleurs d'examiner ces sculptures pour s'en convaincre : le Bouddha et ses disciples portent la toge (1) : ils ont des cheveux bouclés. Comme les saints de l'Église chrétienne les saints bouddhiques ont une auréole autour de la tête (2). Enfin et surtout les visages et les corps des personnages sont tout à fait « classiques ».

B. *Influences religieuses*. — C'est aussi au commencement de notre ère que le Bouddhisme se transforma profondément ; ce changement eut une répercussion naturelle sur l'iconographie.

A l'époque d'Asoka la principale doctrine des Bouddhistes était celle du Hînayâna ou Petit Véhicule. C'est vers le commencement du premier siècle après J.-C. qu'apparut dans l'Inde une nouvelle doctrine, celle du Mâhâyâna ou Grand Véhicule. Il semble que le roi Kanishka, de la dynastie des Kushâns qui régnait à Purushapura (Peshawàr), fut pour le nouveau Bouddhisme ce qu'Asoka avait été pour l'ancien. Selon la légende, il aurait réuni dans le Kashmir un grand concile de Bouddhistes qui aurait établi les bases de la nouvelle doctrine (140 après J.-C. (?) ).

En tout cas, le nom de Kanishka est assurément le plus illustre de cette époque, et il semble naturel d'associer

---

(1) Ou du moins un vêtement qui ressemble à la toge.

(2) Nous constatons ce fait sans faire aucune hypothèse sur l'origine de l'auréole. Mais puisqu'on ne voit jamais d'auréole derrière la tête des personnages hindous dans les sculptures antérieures à notre ère, il n'est pas douteux que cette auréole est d'origine occidentale.

son nom au nouvel art des bouddhistes, de même que nous avons associé le nom d'Asoka à l'art de l'époque précédente.

Ce changement de doctrine produisit dans l'iconographie des monuments un fait capital. Nous avons vu que les sculpteurs de l'époque d'Asoka s'étaient appliqués, avec un parti pris constant, à ne jamais représenter le Bouddha ni même ses disciples ; dans les monuments de l'époque de Kanishka on voit apparaître le Bouddha et même une multitude de Bouddhas ; plus tard enfin le Bouddha sera élevé à la dignité de Dieu suprême, et dès lors, il sera représenté partout et dans toutes les poses.

### § 2. — L'époque des Guptas.

Les $iv^e$ et $v^e$ siècles de notre ère furent marqués dans l'Inde par le règne glorieux des Guptas : Samudra Gupta (326-375), Chandra Gupta II (375-413) qui fut le contemporain du célèbre voyageur chinois Fa-Hien (405-411) et Kumara Gupta $I^{er}$ (413-455).

Au point de vue qui nous occupe, trois choses caractérisent cette époque :

1° *Renaissance du Brahmanisme.* — Aux deux époques précédentes, le Bouddhisme et le Jaïnisme sont les seules religions qui aient inspiré les artistes. Pendant le règne des Guptas, il semble que les croyances populaires qui s'étaient unies aux restes de l'ancien Brahmanisme commencèrent à se manifester sous la forme d'une religion nouvelle à laquelle on a donné le nom d'Hindouisme. On sait qu'à cette époque Samudra-Gupta célébra le sacrifice

---

(1) « C'est seulement ...., au $I^{er}$ siècle de notre ère que le type du Bouddha fait enfin son apparition au revers des monnaies. » A. Foucher, *L'origine grecque de l'image du Bouddha*, 1913.

du cheval. C'est peut-être de ce temps que date le sanglier d'Eran, qui représente Vichnou sous la forme de Varàha. Le Vayou Pourana fut probablement rédigé vers 320 sous le règne de Chandra Gupta et ce n'est pas beaucoup plus tard que furent composés les Vichnou, Matsya et Brahmanda Pouranas qui manifestent une renaissance de la littérature sanscrite.

2° *Absence presque complète de monuments datant des Guptas.* — Il est curieux qu'on ne connaisse pour ainsi dire aucun monument qui ait été construit dans les IVe et Ve siècles (1).

A part la colonne de fer de Delhi, qui semble une copie des colonnes d'Asoka, à part peut-être aussi le sanglier d'Eran, nous ne connaissons aucune sculpture qui permette de déterminer le style de cette époque. Il n'y a rien qui puisse servir de chaînon intermédiaire entre les monuments de l'époque de Kanishka et les caves n°ˢ 16 et 17 à Ajantâ, qui datent d'environ 500 ans après J.-C. (2).

3° *Séparation entre les styles Nord-Hindou et Dravidien.* — Toutefois l'étude des monuments postérieurs à l'époque des Guptas prouve que c'est à cette époque que l'art hindou s'est scindé en deux parties : le style nord-hindou et le style dravidien.

On trouve en effet à Ajantâ, à Ellora, à Bâdàmi, des monuments qui appartiennent à un style que nous appellerons le style nord-hindou. C'est dans ce même style que seront construits les temples de la province d'Orissa, de Khajuraho, etc...

(1) Les monuments étudiés par M. V. Smith comme appartenant à l'époque des Guptas dans l'ouvrage *Fine art in India* ne sont malheureusement pas datés et sont probablement du VIe siècle.

(2) Il ne saurait être question de ce que Cunningham appelle « the seven caracteristics of the Gupta style of Architecture » (*Archeol. Rep.*, IX, 42 et vol. I, V, IX, XI, XIV, XVI, XX et XXI), car Cunningham donne le nom de Gupta style à un style nord-hindou qui est postérieur aux Guptas.

La cave n° 19 à Ajantâ, n'est pas datée, mais son style permet de penser qu'elle a été creusée à la fin du v° siècle, c'est-à-dire à la fin de l'époque des Guptas (1).

La planche X représente une portion de la façade de cette cave. On y distingue deux pilastres à chapiteaux cubiques ornés de fleurs de lotus. L'analogie avec le pilastre de la cave n° 3 à Nâsik, représenté dans la figure A, Pl. IX, est évidente. La forme de ce pilastre a quelque importance au point de vue qui nous occupe, car nous retrouverons cette même forme et cette même décoration dans l'art dravidien de l'époque Pallava (voir figure 36, et Planche XXIII).

On remarquera en second lieu que les architraves sont ornés de petits « fers-à-cheval ». Mais le caractère distinctif de ces motifs d'ornementation, c'est qu'au milieu du cintre apparaît une tête de gândharva (petit génie ou musicien céleste), dont les cheveux bouclés retombent sur les épaules comme une perruque. Les monuments de Mavalipuram et de Kànchîpuram sont ornés à profusion d'un ornement presque identique auquel nous donnerons le nom de « coudou à tête de gândharva ».

Les représentations du corps humain manifestent nettement un reste d'influence de l'art hellénique.

A droite de la figure on voit en deux endroits l'image du Bouddha prêchant sa doctrine. Au-dessous du siège sur lequel est assis le Bouddha on distingue des gazelles et des disciples. Ceux-ci sont en adoration devant la roue de la loi qui est l'emblème bien connu sous le nom de cakra.

On remarquera que cette roue est vue selon sa tranche ; elle est représentée identiquement de la même manière que le cakra de Vichnou, tel qu'on le voit dans les sculptures des Pallavas (2).

---

(1) *History of Indian and eastern Architecture* by J. Fergusson et J. Burgess, Londres, 1910, t. I, chap. V, p. 151.

(2) Pour tout ce qui concerne la période bouddhique consulter les

A. — "Gautamiputra cave" à Nàsik (1ᵉʳ siècle après J.-C.)

B. — Pilastre dans la cave "Gautamiputra" à Nasik

Façade de la cave n° 19 à Ajanta (V° siècle)

ouvrages suivants :

J. Fergusson, *Tree and Serpent Worship*. Londres, 1873.

A. Cunningham, *The stûpa of Bharhut*. Londres, 1879.

J. Burgess, *The Buddhist stûpas of Amarâvati and Jaggayyapa*, Londres, 1887.

J. Griffiths, *The paintings in the Buddhist Cave-Temples of Ajantâ*. Londres, 1896.

A. Foucher, *Etude sur l'iconographie bouddhique de l'Inde*. Paris, 1900 et 1905.

V. Smith, *The Jain Stûpa an other antiquities of Mathurâ Allahabad*. 1901.

J. Burgess, *Buddhist art in India*. Londres, 1901.

H. Kern, *Histoire du Bouddhisme dans l'Inde*. Paris, 1901-1905.

A. Foucher, *L'art gréco-bouddhique au Gandhâra*. Paris, 1905.

A. Foucher, *Les représentations de « Jatakas » sur les bas-reliefs de Barhut*. Paris, 1908.

A. Foucher, *La porte orientale du Stûpa de Sânchi*. Paris, 1910.

J. Fergusson et Burgess, *History of Indian and eastern Architecture*. Londres, 1910.

A. Foucher, *L'origine grecque de l'image du Bouddha*. Paris, 1913.
Râjendralâl Mitra, *Antiquities of Orissa*.

V. Smith, *Fine art in India*. Londres, 1911.

J. Burgess, *Archeological Survey Western India*, en particulier les tomes IV et V.

J. Burgess, *Cave temples of India*.

# DEUXIÈME PARTIE

## GÉNÉRALITÉS

### § 1er. — L'ordre dravidien.

En étudiant l'ensemble des monuments dravidiens, nous avons observé que tous, quel que soit leur âge, avaient des caractères communs. Ces caractères, qui sont bien spéciaux au style dravidien, constituent ce que nous croyons pouvoir appeler l'ordre dravidien.

On nomme ordre, une division horizontale d'architecture considérée uniquement sous le rapport décoratif. En d'autres termes quand on considère des monuments qui appartiennent au même ordre, on constate qu'ils présentent la même superposition de soubassements, de piliers, d'entablements, ornés du même genre de moulures.

La figure 21 représente ce qu'il y a de plus essentiel dans

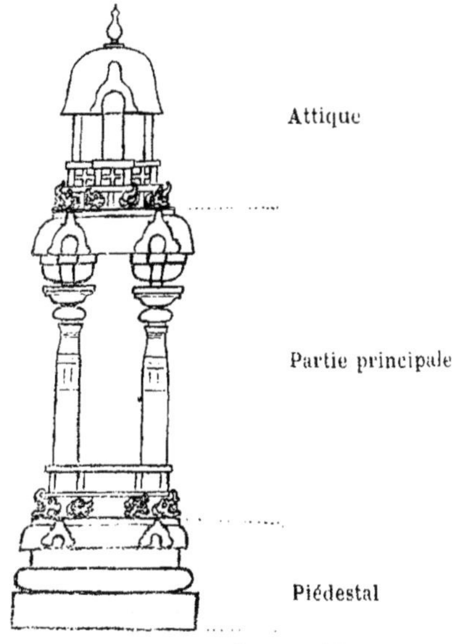


Fig. 21 — Ordre dravidien.

l'architecture dravidienne, ce qui, dans un même monument, est répété un grand nombre de fois, et ce qui n'a pour ainsi dire pas changé depuis le VIIe siècle jusqu'à nos jours.

Cet ensemble de colonne, d'entablement, de moulures, nous l'appellerons l'ordre dravidien. Seuls les monuments dravidiens présentent une pareille disposition.

On peut y distinguer dans le sens de la hauteur trois parties : le piédestal, la partie principale et l'attique.

1° *Le piédestal* (fig. **22**, **A**), que les ouvriers tamouls appellent aujourd'hui oubapitam (1), est composé de quatre moulures qui sont de bas en haut : *a)* une plinthe (oupanam) (2), *b)* un tore (coumoudam) (3), *c)* une rainure (candam), *d)* un lar-mier (cabôdam) (4).

Ce larmier est toujours orné de ce que nous appellerons le coudou (fig. **22**, **B**) (5).

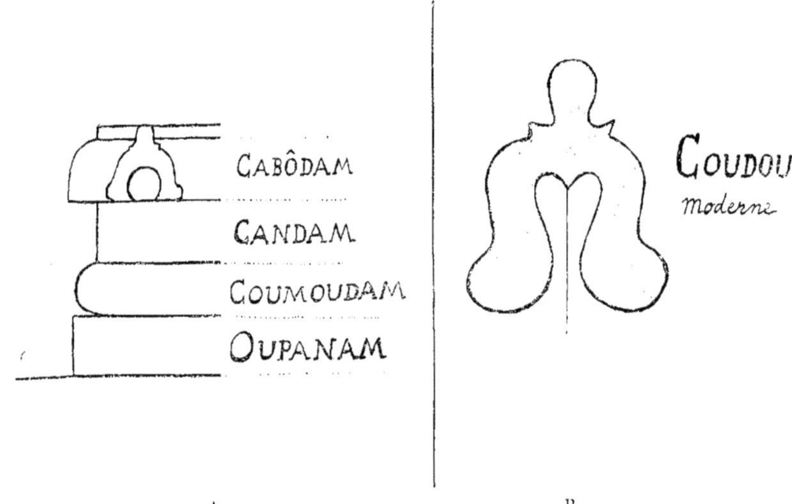


Fig. 22. — A. Piédestal. B. Coudou.

(1) Note : du sanscrit upapîtha.
(2) Sanscrit : upânah.
(3) Kumuda.
(4) Du sanscrit kapota (pigeon, corniche).
(5) Sans doute du mot sanscrit kûdu qui veut dire nid.

2° *La partie principale* peut se diviser en trois régions qui sont de bas en haut (fig. 23 A) :

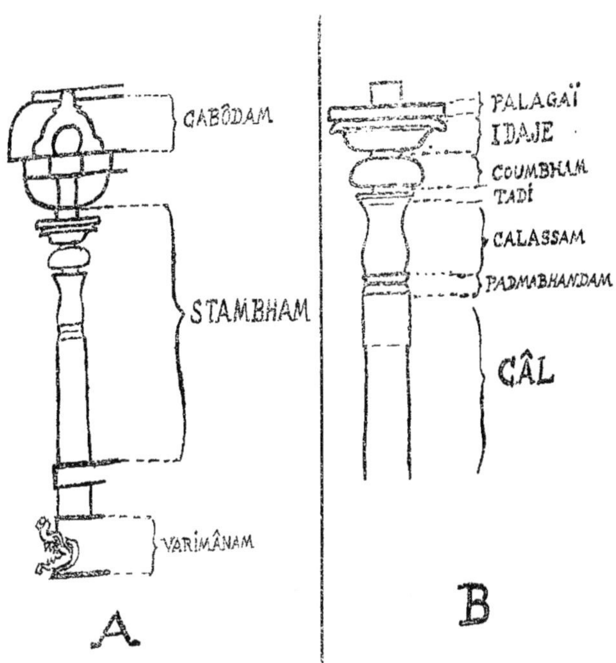


Fig. 23. — Partie principale.

1° Une bande ornée toujours de têtes de lions (siṁhas) et de crocodiles à trompe d'éléphant appelés makaras (1). Cette partie est appelée de nos jours « varimànam ».

2° Le pilier (stambham).

Dans l'art dravidien on peut distinguer deux sortes de piliers : le pilier à chapiteau bulbeux et le pilier à chapiteau cubique. Mais celui qui constitue réellement l'ordre dravidien est le pilier à chapiteau bulbeux. Il se compose généralement de huit parties principales :

Le fût (càl) (2) de section carrée ou octogonale.

(1) En général les makaras sont placés aux extrémités de la moulure et les simhas, partout ailleurs.

(2) Kàl signifie « jambe » en tamoul.

Une moulure appelée padmabandam parce que de nos jours elle imite les pétales d'une fleur de lotus.

Une sorte de corbeille (calassam) (1).

Une moulure appelée tady.

Le bulbe, sorte d'ellipsoïde aplati appelé coumbham (2).

Une doucine renversée, imitant le calice d'une fleur (idaje) (3).

Le tailloir (palagaï) (4).

Enfin un coussinet cubique (viracandam) qui sépare l'abaque du corbeau.

Le pilier à chapiteau cubique se compose de parties cubiques (sadouram) (5) et de parties prismatiques (cattou) (6). Il a un aspect plus massif que le pilier à chapiteau bulbeux, qui est plus frêle ; aussi, tandis que ce dernier est presque toujours engagé dans les murs et a un rôle purement décoratif, au contraire le pilier à chapiteau cubique n'est jamais engagé et sert effectivement à soutenir les voûtes.

3° L'entablement.

Au-dessus du pilier se trouve un motif qui est à notre avis, d'une importance capitale, nous l'appellerons le corbeau dravidien. C'est un corbeau qui soutient l'entablement (prastaram) (7).

Il existe dans tous les monuments dravidiens et au-dessus de chaque pilier. Nous étudierons sa forme plus tard, attendu que cette forme change presque complètement à chaque époque.

Nous retrouvons ensuite le larmier dravidien, que nous avons décrit en parlant du piédestal.

---

(1) Du sanscrit kalaça (pot, vase).
(2) Sans doute sanscrit kumbha (cruche).
(3) Le mot idaj ou idage veut dire « pétale » ou « feuille » en tamoul.
(4) Du sanscrit « phalaka », planche.
(5) Du sanscrit « catur » qui veut dire « quatre ».
(6) Du tamoul kattu qui signifie « lien, attache ».
(7) Du sanscrit prastara qui désigne toute chose plate.

Ce larmier (cabodam), est orné aussi de coudous pareils à ceux du piédestal.

3° *L'attique* est formé de petits pavillons.

Chaque pavillon (pancharam) (1) est formé des cinq parties suivantes (fig. 24) :

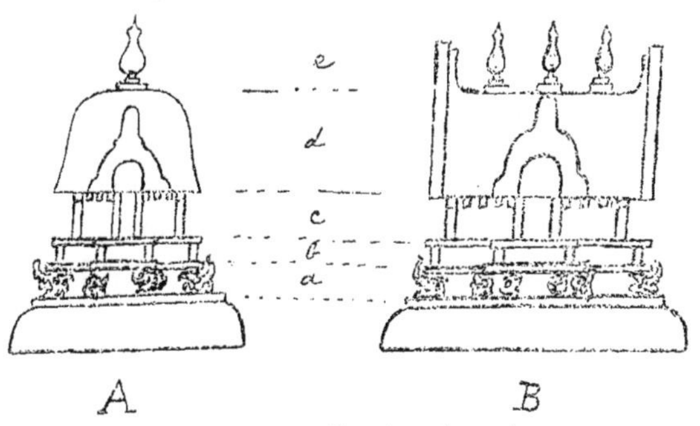



Fig. 24. — Pavillon (pancharam).

*a*) Un « varimanam », orné de têtes de simhas et de makaras, identique à celui dont nous avons parlé tout à l'heure.

*b*) Une balustrade.

*c*) Une fenêtre.

*d*) Un toit (sikharam).

Il y en a de deux sortes. C'est le plus généralement une voûte en berceau (B, fig. 24), mais lorsque le pavillon se trouve à un angle de l'édifice, le toit du pavillon prend la forme d'un dôme à base carrée (A, fig. 24). Ce toit est orné d'un motif décoratif placé au-dessus de la fenêtre et qui est un « coudou » de plus grande proportion que ceux qui ornent les larmiers.

*e*) Enfin le sommet du toit est orné d'un ou plusieurs épis (boules d'amortissement) appelés stoubis (2).

Tous ces motifs d'ornementation, nous les avons décrits d'une manière peu précise parce que nous n'avons parlé que de ce qui est général aux monuments dravidiens quel que

(1) Du sanscrit pañjara (colombier).
(2) Tûbi (cime, sommet, faîte).

soit leur âge. Chacune des moulures qui constitue l'ordre dravidien change de forme selon la date du monument sans que leur disposition générale soit altérée. Nous allons donc les étudier de nouveau en recherchant quelles sont les particularités de détails et les rapports entre les dimensions qui caractérisent le style de chaque époque.

### § 2. — L'évolution des motifs.

Si l'on groupe les monuments d'après l'ordre chronologique, on obtient une série continue de styles et c'est par une progression insensible que l'on passe du style d'une époque à celui d'une autre époque. Il n'y a donc aucune solution de continuité dans l'histoire de l'évolution des formes architecturales. Et cependant pour la commodité du langage, il importe de partager cette histoire en plusieurs tronçons : ces divisions sont purement arbitraires ; nous croyons pourtant qu'elles sont utiles. Il nous a semblé qu'on pouvait diviser l'histoire de l'architecture dravidienne en cinq époques, comprenant chacune deux siècles et demi et qui correspondent à cinq styles bien caractéristiques, à savoir :

1° Le style Pallava (de 600 à 850 après J.-C.).
2° Le style Choḷa (de 850 à 1100).
3° Le style Pàṇḍya (de 1100 à 1350).
4° Le style de Bijanagar (1) (de 1350 à 1600).
5° Le style de Madura (de 1600 à nos jours).

Chaque style dérive du précédent et en diffère par certaines modifications que nous allons étudier à présent.

Lorsqu'il y a développement par voie d'évolution, on cons-

_______________

(1) Le nom de Bijanagar est une corruption de Vijayanagar (la ville de la victoire). Nous avons cru nécessaire de conserver cette appellation qui est de tradition dans les ouvrages français.

tate souvent que chaque période est caractérisée par la prédominance de certains types.

Dans les périodes précédentes certaines formes n'existent qu'à l'état embryonnaire, puis tout à coup elles prennent un développement considérable et ensuite elles s'atrophient et finissent quelquefois par disparaître.

C'est ce qu'on peut observer dans l'évolution de l'art dravidien. Considérons par exemple la forme générale des bâtiments.

Les caves creusées dans le roc n'existent que dans la période Pallava.

Dans la période Choḷa, c'est le sanctuaire du temple, ce qu'on appelle le « vimâna » (1) qui prend tout à coup des proportions gigantesques et c'est à cette partie de l'édifice que les architectes donnent tous leurs soins. C'est l'époque des grands vimânas de Tanjore et de Gangaïkondapuram qui s'élèvent jusqu'à soixante-dix mètres de hauteur et qui sont magnifiquement ornés.

Dans les époques suivantes le vimâna s'atrophie, il se réduit à un pagodin de quelques mètres de hauteur.

Dans les monuments antérieurs à la période Paṇḍya, on ne trouve que des embryons de ce qu'on appelle le « gopuram » (prononcer gopourome), c'est-à-dire les hautes portes dont la forme générale rappelle celle des pylones égyptiens et par lesquelles on entre dans les enceintes de la pagode. Le temple de Kaïlâsanâtha à Kâñchîpuram n'a que de minuscules gopurams. Ceux du temple de Tanjore (période Choḷa) sont déjà un peu plus élevés, mais c'est à l'époque Pàṇḍya que nous trouvons les très grands et très beaux gopurams de Chidambaram et Jambukêçvara (2).

(1) Ce mot signifie textuellement un « char » où est placé le Dieu.
(2) En 1250 on construisait déjà d'immenses gopurams comme ceux de Chidambaram. L'hypothèse que les gopurams ont été imaginés par les Hindous pour protéger les temples contre l'invasion des Musulmans (Fergusson et Burgess, *History of Indian Architecture*, tome I, p. 309) (1910) est donc purement fantaisiste.

A l'époque de Bijanagar, on construit encore d'immenses
gopurams, mais il est facile de remarquer que ce n'est plus
la partie de l'édifice la plus soignée ; ce n'est plus là que le
sculpteur concentre ses efforts. A l'époque de Bijanagar on
voit apparaître une forme de constructions que ne connais-
saient pas les époques antérieures, c'est le maṇḍapam (1),
reposoir où les Dieux étaient solennellement transportés,
qui attire surtout l'attention par ses piliers monolithes où
sont sculptés les chevaux, les lions cabrés et tout le monde
des Dieux. Les « Kalyâṇa maṇḍapam » de Hampi, de Conjeeveram, de Vellore, sont caractéristiques de l'art de cette
période.

Le style de Madura se distingue surtout par ses corridors.
La partie la plus célèbre du temple de Madura c'est le Pudu
maṇḍapam, qui n'est qu'un vaste corridor. Mais c'est dans
le temple de Râmeçvaram que la prédominance des corridors devient manifeste.

En résumé nous pouvons dire que la période Pallava est
celle des rochers sculptés (exemples : Mavalipuram, Trichinopoly). La période Chola celle des grands vimânas (Tanjore, Gangaïkondapuram). La période Pàṇḍya celle des
plus beaux gopurams (Chidambaram, Jambukêçvara). La
période de Bijanagar est celle des maṇḍapams (Hampi, Conjeeveram, Vellore). La période de Madura celle des corridors
(Râmeçvaram).

Dans le cours des siècles, tous les motifs qui constituent
l'ordre dravidien se sont modifiés. Toutefois il en est qui, à
certaines époques, se sont transformés plus rapidement que
les autres, leur évolution a été plus rapide. Aussi permettent-

(1) C'est par erreur que les mandapams sont appelés « chaudries »
par certains auteurs. Ce dernier mot désignant des abris pour les voya-
geurs.

ils de reconnaître l'âge d'un monument avec une plus grande approximation. Lorsqu'on désire savoir la date à laquelle un édifice a été construit, c'est à ces motifs qu'il faut s'adresser de préférence ; ils sont plus caractéristiques, plus éloquents. Ces détails qu'il importe de connaître lorsqu'on veut dater un monument, nous leur donnerons le nom de caractères « chronognomoniques » (1) parce qu'ils servent à établir la chronologie des édifices.

A ce point de vue nous étudierons d'abord deux motifs qui méritent une attention toute particulière : celui que nous avons appelé le corbeau dravidien, et ce « coudou » qui orne le larmier et les toits. Ces motifs se trouvent très souvent répétés dans les monuments dravidiens et leur examen est très utile pour caractériser les périodes de l'histoire de l'art.

Le corbeau dravidien est cette console qui se trouve en haut des piliers et qui supporte l'architrave.

Aucun motif n'a varié d'une façon plus caractéristique à chaque époque.

Les figures 25 et 26 montrent les différentes phases de cette évolution.

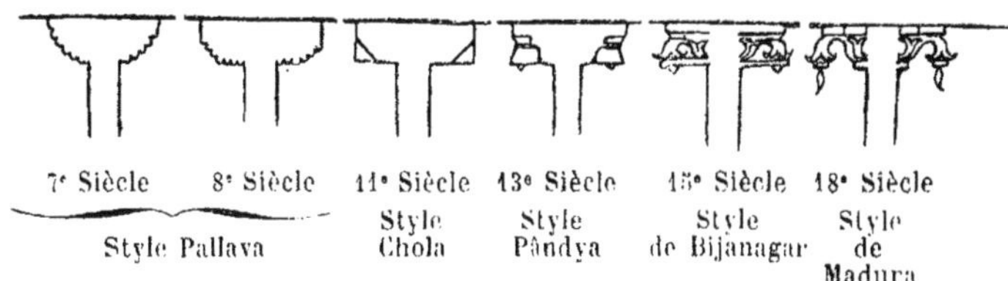


Fig. 25. — Evolution du corbeau dravidien (vu de côté).

Les corbeaux de l'époque Pallava sont dépourvus d'une sorte de pendentif qui apparaît à l'époque Chola sous une forme très simple.

(1) Lorsqu'un médecin désire établir un diagnostic, il se sert souvent de caractères « pathognomoniques ». Ce sont des symptômes qui permettent d'identifier la maladie.

Les caractères chronognomoniques sont pour la chronologie des monuments ce que les caractères pathognomoniques sont en pathologie.

A l'époque Pàṇḍya on sculpte légèrement ce pendentif.
A l'époque de Bijanagar il affecte la forme d'une fleur de
lotus retombante, mais l'extrémité de cette fleur est toujours
rattachée au reste du corbeau.

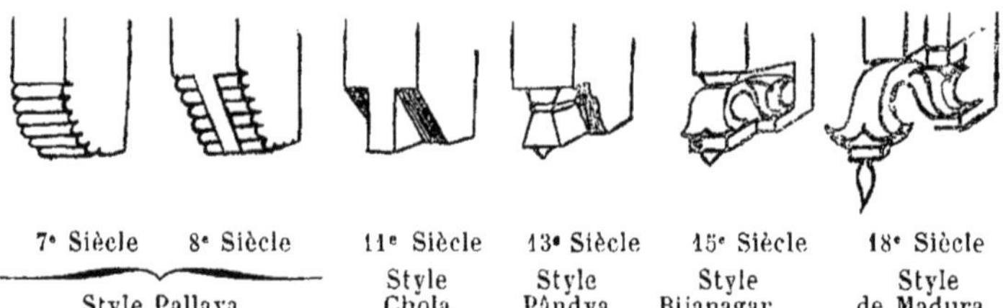


Fig. 26. — Evolution du corbeau dravidien (vu de trois quarts).

Enfin à partir du commencement du xvıı<sup>e</sup> siècle, cette
fleur de lotus est complètement détachée.

Aujourd'hui ce corbeau en fleur de lotus porte le nom de
« bodigaï » et la partie en forme de pomme de pin qui pend
à l'extrémité de la fleur de lotus s'appelle « poumonè ».

On peut donc suivre pas à pas l'évolution de ce motif. Cette
fleur de lotus n'existe pas dans les monuments anciens.
Vers le x<sup>e</sup> siècle on voit apparaître une partie proéminente
de la pierre qui, pendant trois ou quatre siècles encore, ne
ressemblera pas à une fleur ; mais à l'époque Pàṇḍya la forme
se précise peu à peu, la fleur se forme, se détache et enfin aux
époques modernes, elle est complètement libre et déve-
loppée.

Lorsque nous étudierons séparément les différentes époques nous traiterons avec plus de détails l'importante question de l'évolution du corbeau dravidien.


Nous avons déjà montré (fig. 22, B) la forme moderne du
motif appelé coudou qui orne les larmiers.

L'origine de ce motif n'est pas douteuse. Il est certain que
ce n'est qu'une forme atrophiée du fer-à-cheval bouddhique.
La figure 27 montre l'évolution de ce motif.

Nous avons déjà décrit le fer-à-cheval de l époque d'Asoka Aux époques de Kanishka et des Guptas celui-ci subit de légères modifications qui expliquent la forme du coudou de l'époque Pallava. Nous avons vu à l'époque des Guptas apparaître au centre du fer-à-cheval la tête de Gandharva qui caractérise le « coudou » Pallava.

| IIᵉ siècle avant J.-C. Epoque d'Asoka. | IIIᵉ siècle après J.-C. Epoque de Kanishka. | VIIᵉ siècle Epoque Pallava. 7 pagodes. | IXᵉ siècle. Ganga Pallava. (Bahour). |
|---|---|---|---|
| 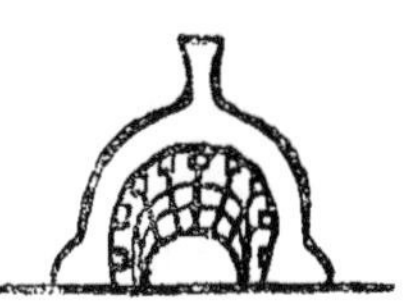 |  |  |  |
|  |  |  |  |
| XIᵉ siècle. Chola. (Tanjore). | XIIIᵉ siècle. Pàndya. (Chidambaram). | XVᵉ siècle. Bijanagar. (Vellore) | XVIIIᵉ siècle. Madura. (Tiruppâppuliyûr). |

Fig. 27. —Evolution du coudou.

L'ornement en forme de V qui surmonte le fer-à-cheval bouddhique se change en un motif dont la forme rappelle le fer d'une pelle. Aux sept Pagodes des sortes de fleurs (carouckou) sont dessinées sur cette partie, mais on n'y voit jamais de tête de lion.

Dans la pagode de Bahour (IXᵉ siècle) la tête de guerrier subsiste, mais le fer de pelle est remplacé par une tête de lion, qui donne à la partie supérieure du « coudou » le nom de « simha-mougam » qu'il porte de nos jours.

Jusqu'alors la partie centrale du coudou était une sorte de cintre outrepassé de telle sorte que la forme était celle des trois quarts d'un cercle.

A l'époque Chola (xɪᵉ siècle) la tête de Gandharva disparaît et la partie centrale forme un cercle complet. tangent au bord du larmier.

Vers le xɪɪɪᵉ siècle, la partie circulaire centrale se trouve encadrée par un tore, et les fleurs (carouckou) qui l'entourent se divisent en deux parties : celles du haut qui sortent de la gueule du lion et celles du bas qui sont réunies en faisceau au-dessous du cercle central.

A l'époque de Bijanagar cette ornementation change de forme et prend l'aspect très caractéristique représenté fig. 27.

Enfin de nos jours, le cercle central est complètement détruit ; le centre prend une forme qui rappelle celle d'un cœur et souvent le « simha-mougam au lieu d'une tête de lion est décoré d'une sorte de fleur.

Nous avons dit, en parlant de l'ordre dravidien, que la partie supérieure de la construction était occupée par un attique constitué par de petits pavillons dont nous avons donné (fig. 24) l'aspect général.

Toutefois pendant le cours des siècles, la forme de ces pavillons a évolué et il importe d'en étudier les différentes phases. Nous donnerons à ces pavillons le nom moderne de « pancharam » (1).

La figure 28 montre ces transformations. La forme de l'époque Pallava rappelle celle d'une construction en bois. D'ailleurs cet attique a une grande ressemblance avec la maison bouddhique que nous avons décrite précédemment

---

(1) Dans cet ouvrage les termes techniques sont écrits selon l'orthographe française d'après la manière dont ils sont prononcés par les ouvriers tamouls. Sur les figures 60 à 70 on trouvera ces noms écrits en caractères tamouls. La plupart de ces noms sont dérivés du sanscrit mais nous n'emploierons pas l'orthographe sanscrite afin qu'il ne soit fait aucune hypothèse sur leur étymologie.

(fig. 10). Nous retrouvons non seulement la fenêtre surmontée du fer-à-cheval mais encore la balustrade. Il suffit d'ailleurs de comparer la figure 10 avec la figure 24 pour aperce-
voir ces analogies.

FIG. 28. — Evolution du « pancharam ».

Cette forme qui était rationnelle à l'époque Pallava perd
sa signification dans les époques suivantes.

Remarquons par exemple que la balustrade qui, à l'époque
Pallava, était à peu près de même hauteur que la fenêtre,
dans les époques suivantes s'atrophie au point de devenir
une simple rainure.

A l'époque Pallava au-dessus de la fenêtre et au milieu du
fer-à-cheval (coudou) se trouve une sorte de petit auvent
comme pour empêcher les eaux de pluie de tomber sur la
fenêtre. Ce motif disparaît complètement à partir du huitième siècle.

Observons aussi la forme du toit. Très carrés autrefois,
les dômes deviennent aux époques modernes presque complètement sphériques.

Mais la transformation la plus importante est certainement
dans ce fait qu'à l'époque moderne l'attique se trouve
exhaussé à l'aide d'un étage supplémentaire appelé carnacoûdou et le véritable attique s'atrophie presque complète-

ment. Cette innovation commença vers le xii⁰ siècle et fut complète à l'époque de Bijanagar, de telle sorte que tandis que dans le temple de Tanjore (xie siècle) il n'y a pas un seul attique qui soit exhaussé par le carnacoûdou, les pagodes de l'époque de Bijanagar (xvᵉ siècle) présentent partout cette sorte de redoublement de l'attique.

C'est à l'époque de l'apparition du carnacoûdou (xiiiᵉ siècle) qu'on commença à surcharger les attiques de sculptures en ronde bosse.

Déjà au xiᵉ siècle (Tanjore) on voit de petites statues paraissant à la fenêtre des pavillons (pancharams).

Mais c'est à partir du xiiiᵉ siècle que les toits des pagodes se couvrent de statues en ronde-bosse représentant toutes les divinités brahmaniques.

Dans les temples anciens et jusqu'au xiiiᵉ siècle, l'édifice tout entier était construit en pierre. Ensuite on imagina de substituer dans beaucoup d'endroits et surtout dans les attiques la brique à la pierre. C'est ce qui explique que les pagodes anciennes sont souvent entièrement conservées tandis que les pagodes beaucoup plus modernes de Bijanagar ont tous leurs sommets en ruines. Il ne faudrait donc pas apprécier l'âge d'une pagode par son degré de délabrement.

La substitution de la brique à la pierre a donné l'idée d'orner les attiques de statues de terre cuite, et comme il est bien plus aisé de modeler de la terre que de sculpter la pierre, on en vint à couvrir le monument de ces ornements faciles à fabriquer. Une des choses qui frappe le plus les touristes qui visitent les temples de Madura ou de Srirangam c'est cette multitude de statues qui transforme les gopurams en pyramides de Dieux. Le malheur est que les ouvriers obligés de fabriquer une très grande quantité de statues s'habituèrent à négliger l'exécution, et ces images des Dieux ne font honneur ni à la Religion, ni à l'art.

Ces statues en briques ne sont pas placées au hasard ; nous étudierons plus tard leur disposition.

Nous avons dit précédemment qu'il existe deux genres principaux de piliers, que nous avons appelés : le pilier à chapiteau bulbeux et le pilier à chapiteau cubique.

L'origine du pilier à chapiteau bulbeux est un problème que nous n'avons pu résoudre complètement. Il y a un point qui paraît certain : le bulbe (coumbham) n'est autre chose que la cloche de l'époque d'Asoka, que nous avons vu se transformer en une sphère à l'époque de Kanishka.

La moulure appelée « tady » qui se trouve au-dessous du bulbe s'explique de la même manière par le bourrelet ou bandeau qui, à l'époque bouddhique, occupe la position correspondante.

C'est la partie qui est au-dessus du bulbe qui est difficile à identifier. Faut-il admettre que c'est ce que nous avons appelé la corniche à gradins de la colonne bouddhique qui s'est transformée en l'abaque appelée palagaï ? Dans ce cas les gradins se seraient transformés en cette doucine renversée qui imite le calice d'une fleur et qui s'appelle « idaje ». La question est presque impossible à résoudre puisqu'il n'existe pour ainsi dire pas dans le Deccan de monuments datant de l'époque des Guptas.

Il est facile de remarquer par la figure 29, que pendant plus de dix siècles, le pilier à chapiteau bulbeux n'a pas varié d'une manière très sensible. Pendant la période Chola l'abaque (palagaï) est beaucoup plus large par rapport au fût, et les époques suivantes ramenèrent l'abaque (palagaï) à des proportions plus modérées.

Il est cependant un caractère qui permettra de distinguer infailliblement les piliers à chapiteau bulbeux antérieurs au xiie siècle de ceux qui sont plus récents. Dans les piliers les plus modernes en effet, la sorte de doucine renversée imitant le calice d'une fleur qui est au-dessous du palagaï et qu'on appelle « idaje » est ornée de dentelures.

Ainsi tandis qu'aux époques Pallava et Chola cette partie affectait la forme d'un tore ou d'un rouleau, aux époques

Pàṇḍya. de Bijanagar et de Madura, on distingue à cet endroit toute une série de dents de scie.

Ce genre de pilier est de section rarement circulaire, la plupart du temps carrée ou octogonale. Dans ce dernier cas le pilier a ordinairement un socle de section carrée. Mais à partir du xiiᵉ siècle, à l'endroit où le fût octogonal se rattache

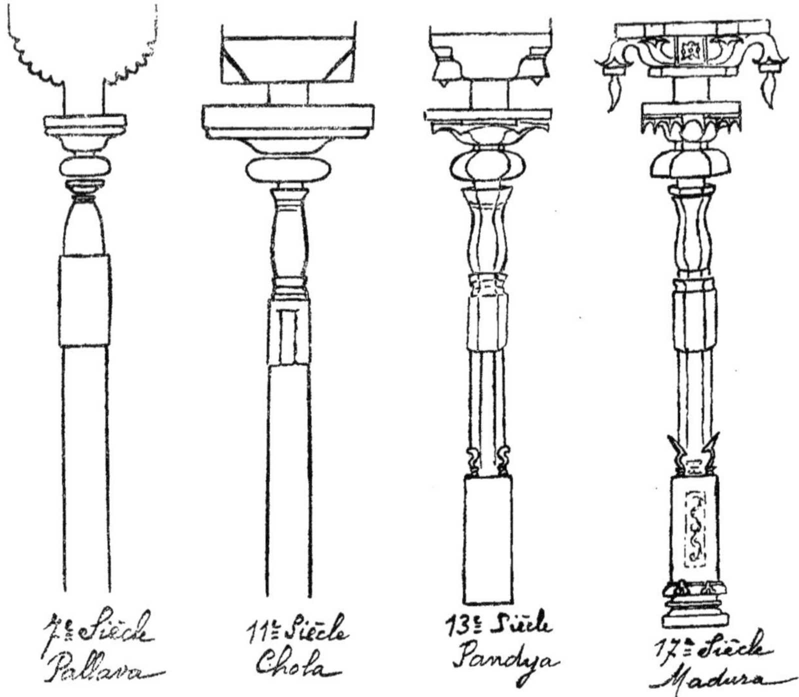


Fig. 29. — Évolution du pilier à chapiteau bulbeux.

au socle carré, on trouve un ornement qui n'existe jamais aux époques antérieures et qui porte le nom de « nâgapadam ».

Il semble qu'au début, à l'époque Pàṇḍya, ce motif représentait une tête de serpent capelle (nâga) ainsi d'ailleurs que son nom l'indique, mais plus tard il se transforma en une sorte de feuille en fer de lance et les bords qui étaient autrefois arrondis devinrent droits et pointus (fig. 29 et 30).

Le pilier à chapiteau carré a au contraire beaucoup évolué.

Lorsqu'on considère la figure 30, c'est difficilement qu'on trouve des analogies entre les deux piliers qu'on y voit représentés. Celui de gauche est extrêmement commun à l'époque Pallava et celui de droite se trouve reproduit à l'infini dans les monuments des époques de Bijanagar et de Madura.

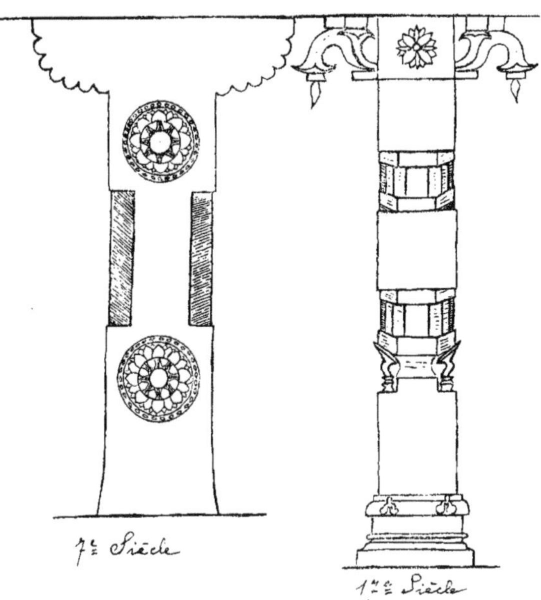


Fig. 30. — Pilier à chapiteau cubique.

Tous deux sont simplement un pilier carré dont les arêtes ont été biseautées en certains endroits.

Mais au viie siècle les angles n'étaient biseautés qu'au milieu de la hauteur, tandis qu'ordinairement aux époques modernes les biseaux sont placés en deux endroits de telle sorte qu'autrefois il y avait une région biseautée entre deux cubes tandis qu'à l'époque contemporaine, il y a trois parties cubiques séparées entre elles par deux parties biseautées.

Bien plus aux époques modernes les parties biseautées

CARTE
DU
SUD DE L'INDE.
(PAYS TAMOUL)
0 5 10    50    100 MILES
LIGNE DE
CHEMIN DE FER
PENNAR. R.
TIRUPATI
KALASTI
ALKOIIAM
MADRAS
KATPADI
PALLAVARAM
VELLORE
CONJEEVERAM
(KANCHI)
MAVALIPURAM
CHINGLEPUT
SADRAS
TIROUVANNAMALAI
GINGEE
PONDICHÉRY
BAHOUR
VILLUPURAM
CUDDALORE
TIRUPPAPULIUR
NILGIRI
SALEM
CHIDAMBARAM
SRINIVASSANALUR
GANGAIKONDAPURAM
COIMBATORE
KARIKAL
TRICHINOPOLI
SERINGAM
TANJORE
MADURA
TIRUPARANKUNDRAM
RAMESWARAM
PONT D'ADAM
TUTICORIN
GOLFE DE
MANAR
KARUGUMALAI
CEYLAN
CAP COMORIN

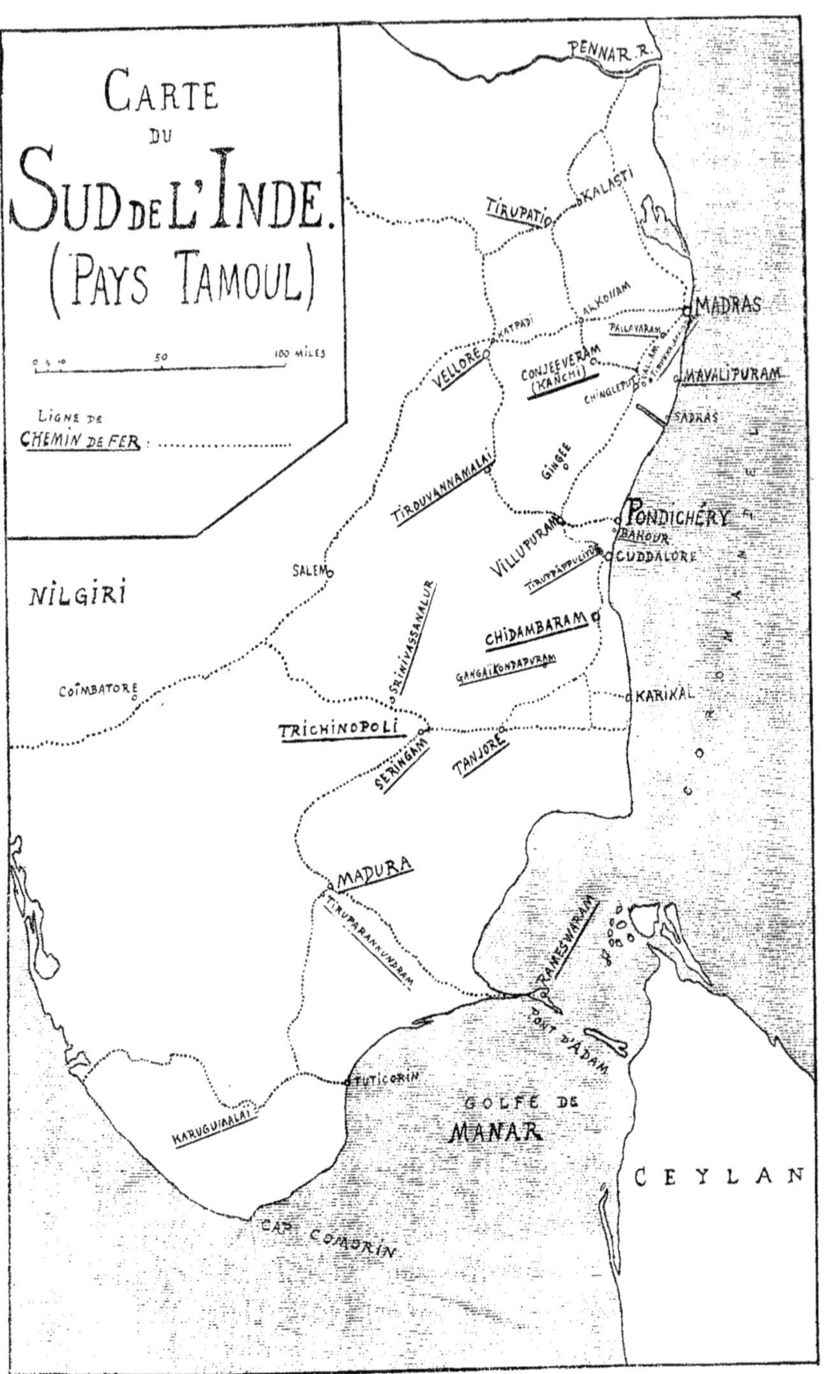

Fig. 31.

présentent non plus simplement huit faces, mais seize facettes.

Les parties biseautées portent le nom de « cattou » et les parties cubiques s'appellent « sadouram ».

L'histoire de l'ornementation des « sadourams » est très intéressante.

A l'époque Pallava (viie siècle) les faces sont ornées de fleurs de lotus. Dans la cave n° 8 à Nâsik, nous trouvons fig. B, Pl. IX) un pilier orné de fleurs de lotus qui rappellent singulièrement celles du pilier Pallava (fig. 30).

D'ailleurs la forme de ce pilier est absolument analogue à celle des piliers de Ganesa et de Ranî-Gumphâ à Udayagiri.

L'ornementation des sadourams ne se borne pas, à l'époque Pallava, à des fleurs de lotus ; on trouve aussi d'autres sujets, mais toujours renfermés dans un cercle et toujours simplement tracés dans la pierre. Au contraire, aux époques de Bijanagar et de Madura, les sadourams sont ornés de petits bas-reliefs et quelquefois même de haut-reliefs représentant tout le panthéon hindouiste. Enfin les piliers modernes sont ornés en outre de nâgapadams et d'une base. Les piliers, lorsqu'ils soutiennent une voûte, sont toujours monolithes.

Il y a d'autres sortes de piliers que ces deux espèces que nous avons décrites. En outre, à partir de l'époque de Bijanagar les voûtes des maṇḍapams sont soutenues par des lions et des chevaux cabrés. Il y a aussi un grand nombre d'autres motifs d'ornementation, dont il est intéressant de suivre les modifications. Toutefois, nous nous sommes bornés, dans ce chapitre, aux motifs les plus généraux, à ceux qui se rencontrent dans tous les monuments dravidiens, dont l'évolution est très nette, qui sont donc réellement chrono-gnomoniques.

Quant aux autres motifs, nous en ferons l'histoire en étudiant avec plus de détails chacune des époques de l'architecture.

## TROISIÈME PARTIE

### LES STYLES

Dans le chapitre précédent, nous avons exposé des considérations générales qu'il importe de prouver. Nous allons le faire en étudiant une série de monuments rangés par ordre chronologique qui nous montrera l'enchaînement des différents styles. Nous verrons les formes se modifier insensiblement en passant d'un édifice à l'autre et nous suivrons pas à pas ces différentes phases. Et en étudiant ainsi une suite continue d'un petit nombre de monuments typiques, nous connaîtrons l'ensemble des pagodes du Sud de l'Inde.

Il importe donc de bien choisir cette série de monuments typiques, de telle sorte que chacun soit d'un genre bien défini, qui représente le style d'une époque certaine; qu'en outre, le passage d'un style à l'autre soit insensible et qu'il n'y ait pas de solution de continuité dans cette série.

De cette manière seulement, nous pourrons montrer que les motifs d'ornementation se sont métamorphosés lentement, que les ouvriers ont peu à peu perfectionné leur technique, en un mot que l'art dravidien s'est transformé par voie d'évolution naturelle.

Cette théorie que nous avons émise, nous devons prouver qu'elle est fondée sur des faits historiques incontestables, en indiquant quels sont les édifices qu'il importe d'étudier pour s'en convaincre. Les reproductions des photographies de ces monuments donneront la certitude que nous n'avons pas formulé des hypothèses injustifiées, mais que les conclusions auxquelles nous sommes arrivés sont le résultat nécessaire d'une observation attentive.

Nous proposons donc la liste suivante :

Date approximative

| | | |
|---|---|---|
| **Style Pallava** de 600 à 850 | Sept Pagodes — Rathas et caves . . | 625 |
| | Trichinopoly — Caves. . . . . | 650 |
| | Kanchîpuram — Temple de Kaïlâsanatha. . . . . . . . . . | 700 |
| | Bahour — Pagode . . . . . . | 800 |

| | | |
|---|---|---|
| **Style Chola** de 850 à 1100 | Srinivasanalur — Temple de Koranganatha. . . . . . . . | 930 |
| | Tanjore — Grand vimâna. . . . | 1000 |
| | Jambukeçvara — Petit gopuram. . | 1150 |

| | | |
|---|---|---|
| **Style Pândya** de 1100 à 1350 | Chidambaram — Gopuram de l'est. | 1250 |
| | Tiruvannamalai — Gopuram. . . | 1300 |
| | Jambukeçvara — Sundara Pandya gopuram. . . . . . . . . | 1350 |

| | | |
|---|---|---|
| **Style de Bijanagar** de 1350 à 1600 | Kumbakonam — Temple de Râma. | 1450 |
| | Conjeeveram — Temple d'Ekâmbaram . . . . . . . . . . | 1500 |
| | Bijanagar — Temple de Vitthala. . | 1530 |
| | Vellore — Kalyâna mandapam. . | 1560 |
| | Srirangam — Chevaux . . . . . | 1590 |

| | | |
|---|---|---|
| **Style de Madura** de 1600 à nos jours | Madura — Pudu mandapam. . . | 1630 |
| | Tanjore — Temple de Soubramaniar . . . . . . . . . . | 1750 |
| | Tiruppâppuliyûr. . . . . . . | 1912 |

Dans la suite de cet ouvrage nous établirons l'exactitude des dates que nous avons attribuées à chacun de ces monuments.

Dès maintenant cependant, nous ferons remarquer que chaque époque est représentée par au moins un édifice dont l'âge est bien connu et incontestable. Personne ne doutera que les « rathas » de Mavalipuram ne soient les plus anciens spécimens de l'architecture dravidienne.

Le temple de Kaïlàsanàtha à Kànchîpuram est couvert d'inscriptions qui établissent que cet édifice a été construit par Rajàsimha vers 700.

Le temple de Tanjore est peut-être de tous les monuments anciens du Sud de l'Inde, celui dont l'histoire est la mieux connue.

La date de 1250 attribuée au Gopuram de l'est de Chidambaram, basée sur une inscription de Sundara Pàndya est acceptée par tous les auteurs qui ont parlé de cet édifice (1).

Point de doute non plus sur l'âge du temple de Vitthala-Râja à Bijanagar.

Il serait difficile de contester que le « Pudu Mandapam » de Madura ait été construit par le roi Tirumal.

Enfin la question de date ne se pose pas pour l'architecture contemporaine.

Nous avons donc avant même d'entrer dans le détail de la chronologie des édifices, un certain nombre de points de repères bien établis.

D'autre part, le style de ces monuments est un fait matériel. Pour le connaître, il importe seulement de regarder les édifices eux-mêmes ou leurs photographies.

Il suffira donc d'observer attentivement les différents motifs d'ornementation et de comparer les monuments d'âges différents, pour que les principes généraux que nous avons énoncés précédemment apparaissent comme des conclusions naturelles et nécessaires.

(1) Par exemple : Fergusson et Burgess, *History of Indian Architecture*, t. I, liv. III, chap. IV, p. 374.

# CHAPITRE PREMIER

## LE STYLE PALLAVA
### (de 600 à 850 après J.-C.).

L'histoire des Pallavas n'est connue avec quelque certitude qu'à partir de Siṁhavichṇu (de 575 à 600).

Son fils Mahendravarman I<sup>er</sup> (600-625) eut à lutter contre Pulakêsin II, l'illustre souverain Châḷukya. Vaincu d'abord il réussit plus tard à repousser les Châḷukyas.

Il est probable que c'est Mahendravarman I<sup>er</sup> qui commença à faire sculpter les rochers en forme de caves et de rathas.

Son successeur Narasiṁha-varman I<sup>er</sup> (625-645) est le plus illustre des souverains Pallavas. Son nom glorieux est gravé sur le Dharmarâja ratha de Mavalipuram.

Lorsqu'en 640 Hiuen-Tsang visita le sud de l'Inde, c'est Narasiṁha-varman I<sup>er</sup> qui régnait à Kâñchî, et la capitale du royaume des Pallavas fit l'admiration du pèlerin chinois. En 642 Narasiṁha-varman I<sup>er</sup> s'empara de Vâtâpi (Bâdâmi), la capitale de Pulakêsin II.

Ses successeurs ne purent maintenir cette puissance : l'un d'eux, Paramesvara-varman fut vaincu par Vikramâditya I<sup>er</sup> (655-680), fils de Pulakêsin II, et les Châḷukyas s'emparèrent de Kâñchî.

Le successeur de Paramesvara-varman fut son fils Râjasiṁha, qui régnait vers 700 après J.-C. et qui fit construire le sanctuaire principal du temple de Kaïlàsanàtha à Kâñchîpuram.

Son nom est cité en trois endroits à Mavalipuram : 1º dans l'unique inscription qui est au second étage du Dharmarâja ratha ; 2º Sur le Gaṇésa ratha ; 3º à l'entrée du Râmânuja Mandapam.

Pendant les viiie et ixe siècles, la puissance des Pallavas ne cessa de décline.

En 740, le roi Nandivarman fut vaincu par Vikramâditya II Châlukya, qui s'empara de Kâñchî, mais respecta le temple de Kaïlâsanâtha.

Vers 780, Dhruva roi des Râshṭrakûṭas vainquit les Pallavas, et son fils Govinda III contraignit Dantiga qui régnait à Kâñchî vers 803, à devenir tributaire des Râshṭrakûṭas.

Enfin vers 900, le prince Pallava Aparàjita fut vaincu par Aditya Choḷa et le royaume des Pallavas demeura sous la domination des Choḷas.

### § 1. — Mavalipuram.

Dans la région comprise entre Pondichéry et Madras, on trouve en certains endroits des rochers granitiques sculptés, qui sont les plus anciens spécimens de l'art dravidien.

A *Dalavanur* (6 miles au sud de Gingi), au sud d'un petit mont appelé Pañcha Pandava Malai (Mont des 5 Pandavas), se trouve une cave contenant des piliers carrés ornés de fleurs de lotus, tels que celui qui est représenté figure 36. Il contient des inscriptions de l'époque des Pallavas (1).

Des caves analogues existent à Arakandanallur (2), à Mandagapattu (3), à Panamalai (4), à Siyamangalam (5).

(1) Voir Madras district Gazetteers, *South Arcot*, par Francis, p. 346, 1906). Voir aussi : S. Ind. Inscriptions i, 29 et i i i pt 3,341).
(2) *South Arcot*, par Francis, p. 371.
(3) *South Arcot*, par Francis, p. 384.
(4) *South Indian Inscriptions*, vol. 1, 1890, p. 24.
(5) *North Arcot Manual District*, p. 445.

A Manmandur (1), village situé à 6 miles au sud de Conjeeveram, il y a aussi un petit mont appelé Pañcha Pandava Malai, formé de rochers granitiques où sont creusées des caves ayant des piliers comme celles de Dalavanur et Mandagapatu.

A Pallavaram et à Tirukkalukkundram, à Vallam (2), à Mahendravadi (3), on trouve des caves analogues.

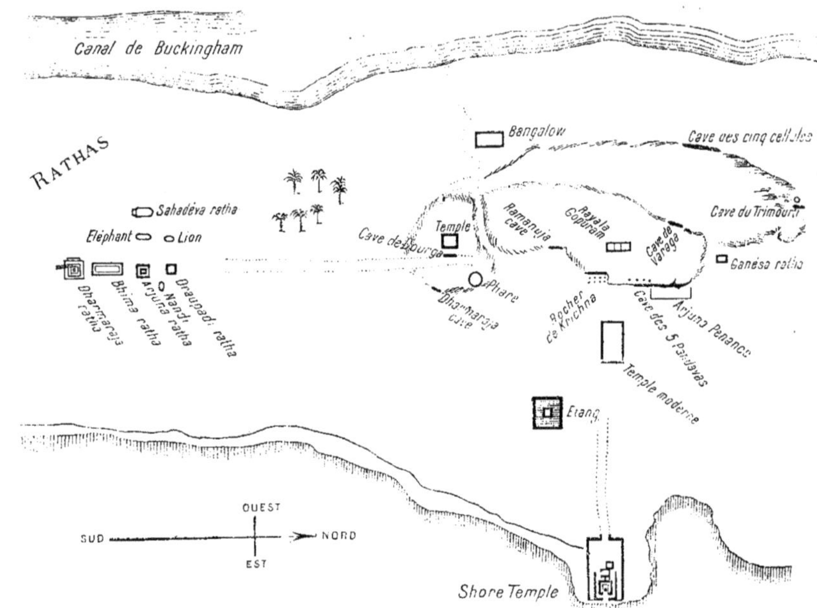

Fig. 32. — Plan de Mavalipuram.

Mais le groupe de monuments de ce genre le plus considérable est au nord de Sadras (4), entre le canal de Buckingham et la mer, dans un endroit connu sous le nom de « Sept-

(1) Voir à ce sujet : *North Arcot Manual District*, Madras district Gazetteers.

(2) Voir : *Lists of Antiquities*, Madras, vol. I by Sewell, 1882.

(3) *Report on Epigraphy in Madras*, C.-O. Public, n° 518 dated July 18, 1905, p. 47 ; *Archæol. S. Annal. Rep.*, 1903, 4, p. 203.

(4) Ville située sur la côte de Coromandel entre Madras et Pondichéry.

Pagodes » (1) ou de Mavalipuram (2) (plan de Mavalipuram,
fig. 32).

Les indigènes appellent la colline formée de rochers granitiques qui s'y trouve : Tirou-Kadalé-Malai (Tirukkaḍal-
mallai).

De même que celles de Dalavanur, de Mandagapattu, de
Manmandur, etc., ils attribuent ces sculptures aux cinq Pandavas (Dharmarâja, Arjuna, Bhîma, Sahadeva et Nakula),
qui avec leur sœur Draupadi vécurent dans les forêts du sud
de l'Inde. C'est ce qui explique qu'on ait donné le nom d'un
des Pandavas à chacun des petits monuments appelés Rathas.

Évidemment les Pandavas ne sont pour rien dans ces
sculptures, qui ont été exécutées au commencement du
VII⁰ siècle sous le règne des Pallavas.

Les restes antiques (3) que l'on trouve aux sept Pagodes
peuvent se diviser en deux groupes : 1° Les rochers sculptés,
les temples monolithes (rathas) et les caves.

2° Les temples construits en pierre, dont le principal est
le « Shore Temple ».

Nous prouverons dans la suite que le premier de ces deux
groupes est d'un siècle au moins plus ancien que le second,
que nous étudierons dans le chapitre suivant.

---

(1) En anglais « Seven Pagodas˜ ». Il paraît que, de la mer, on aperçoit sur cette partie de la côte des temples qui semblent être sept pagodes distinctes.

(2) L'orthographe de ce mot a beaucoup varié selon la fantaisie des
auteurs. Southey l'écrit Mahâ-Bali-puram (la ville du grand Bali).
Selon Babington, le nom véritable serait Mahâmallaipuram (Ville
de la montagne Sainte). W. Taylor a fait accepter l'orthographe Mâmallapuram. Un souverain Pallava eut en effet le surnom de Mâmalla.

Pour trancher la question, nous avons interrogé nous-mêmes des
enfants et des femmes du pays afin de savoir quel est le nom usité parmi
les indigènes indépendamment de toute théorie. La réponse fut « Mavalipuram ». C'est ce nom que nous adopterons.

(2) On a trouvé à Mavalipuram une monnaie romaine de Théodose
(393 après J.-C.). Elle fait partie de la collection du colonel Mackenzie.

On trouve aux sept Pagodes, en plusieurs endroits, des rochers sur la surface desquels on a sculpté des bas-reliefs ; il y en a deux principaux :

Le plus au nord et le plus grand est fort connu sous le nom anglais d' « Arjuna penance » (la pénitence d'Arjuna).

Nous avons déjà dit que les indigènes attribuent ces travaux aux Pandavas et c'est la raison qui a fait reconnaître Arjuna dans un des personnages du bas-relief que l'on voit les mains jointes au-dessus de sa tête, et dans la pose habituelle des ascètes. Cette identification est contestable. Nous reviendrons ailleurs sur ce sujet.

Le bas-relief le plus méridional représente Krichna supportant au-dessus des bergers et des troupeaux la montagne Govardhana. On a construit devant le rocher un maṇḍapam qui est relativement moderne (époque de Bijanagar) (1).

L'examen attentif des costumes, insignes etc., des personnages qui sont représentés dans ces deux bas-reliefs nous permet d'affirmer que ces sculptures sont contemporaines des rathas et des caves et par conséquent qu'elles datent du viiᵉ siècle.

Les monolithes et les caves sont plus intéressants au point de vue architectural.

### Les Rathas.

*Description.* — En se dirigeant tout à fait au sud de Mavalipuram, on aperçoit non loin du rivage de la mer, au milieu des sables, d'étranges monuments entourés de palmiers (fig. A, Pl. XI). On croirait, en s'approchant, voir une ville pétrifiée. Cela ressemble bien en effet à une pétrification,

---

(1) D'après la forme des corbeaux (bodigaï) qui surmontent les piliers nous pouvons affirmer que ce mandapam date de l'époque de Bijanagar, c'est-à-dire du xvᵉ siècle.

M. Burgess dit en parlant de ce mandapam : « ... may probably belong to the time of the Cholas, in « or about the eleventh century of our era » (*Cave temples of India*, p. 149).

ces cinq petits temples qui ne sont point faits de pierres amassées, où il n'y a aucun joint, chacun d'eux étant formé d'un seul bloc de granit.

Au milieu de ce groupe, d'énormes animaux : un bœuf, un lion, un éléphant, semblent avoir été figés tout à coup et changés en pierres par un cataclysme subit.

Il y a donc cinq petits temples monolithes auxquels on a donné le nom de « Rathas » bien que ce ne soient pas des « chars » de pierre. Chacun d'eux a une forme différente et il semble que l'intention des sculpteurs ait été de rechercher la variété ; cependant tous sont du même style et datent assurément de la même époque.

Le plus occidental (Sâhadêva ratha) a une sorte d'abside qui rappelle celle d'un chaitya bouddhique. Cette forme est d'ailleurs assez commune parmi les monuments dravidiens (1).

Les quatre autres rathas sont placés sur une même rangée. Le premier de cette série en allant du nord au sud (Draupadî Ratha) est consacré non pas à Draupadî comme l'indiquerait le nom qui lui a été donné ; ni à Laksmî, comme le suppose Burgess (2), mais assurément à Dourga (3). C'est cette divinité qui est représentée au fond du sanctuaire ; sur les côtés du ratha, où on la voit debout sur la tête du buffle de

(1) Ce ratha dont l'arrière est circulaire servit de point de départ à une théorie selon laquelle ce temple avait été sculpté sinon par des bouddhistes du moins par des élèves des artistes bouddhiques.

Il est prouvé aujourd'hui que cette forme n'est nullement archaïque. Certains vimânas très modernes ont cette forme.

Le temple le plus voisin de Mavalipuram, celui de Tirukkakhundram, a un sanctuaire dans ce genre.

(2) Fergusson et Burgess, *History of Indian Architecture* (1910), t. I, liv. III, chap. III, p. 330.

(3) Il est d'usage de donner le nom de Dourga à la déesse qui est représentée si fréquemment à Mavalipuram et qui vainquit le géant à tête de buffle Mahicha. Mais dans le pays tamoul cette divinité s'appelle Châmoundi et elle est identifiée avec Kâli.

Mahichasura et portant « sankha et le cakra » (Durga porte toujours en effet les insignes de Vichnou).

Le second ratha (fig. B, Pl. XI) appelé Arjuna ratha était assurément consacré au Lingam.

Le troisième (Bhîma ratha) (fig. A, Pl. XII et fig. B, Pl. XX) a une toiture allongée ; sa forme rappelle beaucoup celle des maisons de l'époque bouddhique telles qu'elles sont représentées dans les bas-reliefs de Barhût, Sànchî, Amarâvatî. Il y a un étage, orné de niches, imitant des fenêtres. Dans chacune de ces niches était placé un Lingam.

Enfin le quatrième (Dharmarâja ratha) (fig. B, Pl. XII) est le type des vimànas de cette époque. Il y a un rez-de-chaussée et trois étages. Le sanctuaire est une petite niche située au 2e étage ; au milieu se trouvait un Lingam (il ne reste à la place qu'un trou carré) et au fond de cette niche un bas-relief représente Siva-Sumaskanda, c'est-à-dire avec Parvatî et un petit enfant identifié avec Skanda. Brahmà est debout à gauche du bas-relief, et Vichnou à droite.

La figure A (Pl. XIII) indique la disposition des étages. Chaque étage est couronné d'un attique formé de pancharams et cet attique constitue le parapet de l'étage supérieur (fig. 33).

On peut donc circuler derrière ces attiques. Ceci n'est pas un critérium d'ancienneté puisque le ratha d'Arjuna, qui est assurément de la même époque, ne présente pas cette particularité. Ce caractère toutefois ne se trouve que dans le style Pallava.

Ce temple n'est pas achevé. Les sculpteurs se proposaient assurément de sculpter intérieurement un escalier qui eût permis d'aller du rez-de-chaussée au premier étage (1).

Les touristes peuvent d'ailleurs arriver au premier étage à l'aide d'un escalier de bois (fig. A, Pl. XIII).

_________

(1) Il existe un escalier taillé dans le roc pour aller du premier étage au second.

A. — Vue générale des "rathas" de Mavalipuram

B.   Arjuna ratha  VII° siècle)

A. — Bhimà ratha (VII<sup>e</sup> siècle)

B. — Dharmaràja ratha : vue générale

Ce ratha est plus intéressant que les autres, non seulement parce qu'il est le prototype archaïque des vimânas, mais encore à cause de ses bas-reliefs et de ses inscriptions.

Il y a en effet une cinquantaine de niches contenant des divinités et au-dessus de dix-sept de ces niches se trouvent des inscriptions.

Chose curieuse, ces inscriptions n'ont aucun rapport avec la divinité représentée dans la niche correspondante (1).

Fig. 33. — Coupe du Dharmarâja ratha.

Aussi, pour savoir ce que représentent ces sculptures, on est forcé de s'en rapporter à des comparaisons avec des sculptures plus modernes. Ces représentations de divinités sont très archaïques et il est parfois difficile de reconnaître ce que le sculpteur a voulu représenter. Nous reviendrons plus tard sur ce sujet (2).

(1) Babington et Burnell pensèrent à tort que les noms dont il s'agissait dans l'inscription étaient ceux de la divinité représentée dans la niche.

(2) Nulle part on ne voit les images de Narasimha et de Varâha, que

*Inscriptions*. — Les inscriptions de ce ratha (Dharmarâja Ratha) furent déchiffrées en 1828 par le Dr. G. Babington (1). Mais ces inscriptions sont une collection de noms et de titres qui ne sont pas spéciaux à un seul prince, mais qui sont des titres ou « birudas » que portèrent presque tous les rois de la dynastie des Pallavas.

C'est à la paléographie qu'il faut s'adresser pour avoir des renseignements plus précis.

L'étude des caractères employés (2) permet de diviser en deux catégories les dix-sept inscriptions du Dharmarâja ratha.

Un seule inscription forme la première catégorie, c'est la seule qui soit gravée au second étage. Elle se distingue donc des autres inscriptions non seulement par la forme des caractères mais encore par sa position sur le monument. En voici la traduction : « Le temple du saint Atyantakâma Pallavesvara Ranajaya ».

Ces épithètes d'Atyantakâma et de Ranajaya se retrouvent écrites de la même manière, avec le même genre d'alphabet, et des caractères identiques, sur le temple de Kaïlâsanâtha à Kâñchîpuram. Or, il est admis aujourd'hui que le temple de Kaïlâsanâtha à Kâñchîpuram a été construit à la fin du vii<sup>e</sup> siècle par le roi Pallava, Râjasimha.

Il est donc à peu près certain que l'inscription du Dharmarâja ratha a été gravée à la fin du vii<sup>e</sup> siècle et qu'à cette époque le monument a été dédié à Râjasimha.

Les seize autres inscriptions qui se trouvent au rez-de-chaussée et au première étage forment la seconde catégorie. D'après l'opinion de tous les paléographes : Babington (3),

---

mentionne l'*Histoire de l'Architecture Hindoue*, de Fergusson et Burgess, t. 1 (p. 333, édit. de 1910).

(1) *Transactions of the Royal Asiatic Society* (1830).

(2) Voir à ce sujet : *South Indian Inscriptions*, vol. 1 (1890), par Hultzsch, p. 1 à 4.

(3) *Transactions of the Royal Asiatic Society* (1830).

A. Dharmarāja ratha. Face sud (VIIᵉ siècle).

B. Dharmarāja ratha. Face nord.

Façade de la cave de la Trimourti (VIIe siècle)

Burnell (1), Hultzsch (2), les caractères des inscriptions de cette seconde catégorie ont une forme beaucoup plus archaïque et semblent bien plus anciens. Si donc les inscriptions de cette seconde catégorie sont plus anciennes que l'inscription de la première catégorie, l'idée qui s'impose est que le Dharmarâja a été sculpté longtemps avant que ce temple ait été dédié au roi Atyantakâma Raṇajaya.

Nous prouverons du reste que le style de ce ratha est très différent du style du temple de Kaïlâsanâtha à Kâñchîpuram, ce qui porte à croire que les deux monuments ne sont pas contemporains, mais que le Dharmarâja ratha est plus ancien.

Si à cette preuve architecturale on ajoute la différence de forme des caractères et la position tout à fait à part de l'inscription de la première catégorie, on peut conclure que le Dharmarâja ratha était construit depuis longtemps, lorsque fut gravée l'inscription qui dédiait le ratha à ce roi Atyantakâma, qui fit construire à Kâñchîpuram le temple de Kaïlâsanâtha et qui est plus connu sous le nom de Râjasiṁha.

Quel est donc ce prédécesseur de Râjasiṁha qui fit sculpter le ratha? Cette épithète : « L'illustre Narasiṁha » revenant deux fois dans les inscriptions archaïques, on peut croire que c'est à un prince de ce nom qu'est dû ce ratha.

Il est permis de supposer que ce Narasiṁha n'est autre que le grand roi Pallava Narasiṁhavarman qui régnait en 640, lorsque Hiuen-Tsang visita Kâñchîpuram (3), qui lutta victorieusement contre le roi Châḷukya Pulakésin II et qui détruisit en 642 la ville de Bâdàmi.

Quoi qu'il en soit, l'étude paléographique des inscriptions

---

(1) *South Indian Palæography*, 2ᵉ édition, p. 37, 38, 39.

(2) M. Hutzsch : « It appars, that Atyantakâma appropriated to himself the Dharmarâja Ratha which had been excavated by his predecessor » (*S. Ind. Insc.*, vol. 1, p. 2).

(3) Stanislas Julien. *Vie et voyages d'Hiuen-Tsang*, 3 vol., Paris, 1853-1858.

semble prouver que le Dharmarâja ratha date de la première moitié du viie siècle. Le style des rathas est donc le type le plus archaïque de l'architecture dravidienne.

LES CAVES. — Il n'est pas douteux que les caves de Mavalipuram soient de la même époque que les rathas. Elles sont en effet absolument du même style que ceux-ci. Il en est de même d'un ratha appelé « Ganesa temple » qui date très probablement de la même époque que les autres rathas, bien qu'il porte une inscription de Râjasimha.

a) *Cave de la Trimûrti.* — C'est la plus septentrionale. A droite de la façade, dans une niche, un bas-relief représente Dourga debout sur la tête de Mahichasura (voir tome II, Pl. XVI, A). Cette niche est ornée d'un encadrement très particulier. Or, ce même encadrement (fig. 40, A) et cette image de Dourga se trouvent sculptés par derrière le Draupadi Ratha. Nous décrirons plus tard ce motif d'ornementation qui prouve que le Draupadi Ratha et la cave de la Trimûrti sont contemporains. Cette cave est en réalité une série de trois cellules au fond de chacune desquelles se trouve une divinité. La cellule centrale (Pl. XIV) contient l'image de Siva, celle de droite contient une image de Vichnou et on s'attendrait à ce que la cellule de gauche contînt une image de Brahmà (1). Il n'en est rien.

Brahmà est en effet toujours représenté avec quatre visages dont trois sont visibles. Or, ici le Dieu sculpté en haut-relief n'a qu'une seule tête. Mais il y a une autre raison pour que ce ne soit pas Brahmà : ce Dieu est représenté de la même manière dans deux autres endroits : au rez-de-chaussée du Dharmarâja ratha. et dans une cave au bas du rocher de Trichinopoly. Or, dans ce dernier endroit, on voit Brahmà à trois visages entre deux divinités : à droite Sourya et à gauche le Dieu en question. Nous serions plutôt tentés d'identifier ce Dieu avec Soubramaniar (voir tome II, Pl. XVIII, B).

(1) « In the left shrine is Siva.... Or was it intended that the first should be Brahma ? » Burgess, *Cave temples of India*, p. 152.

b) *Cave de Varâha* (Wooladalundha Temple). — Cette
cave, dédiée à Vichnou, est un des chefs-d'œuvre de l'art
des Pallavas.

La figure A, Pl. XX en représente la façade. Les piliers
sont d'une grande élégance. Le sanctuaire devait être occupé par une statue de Vichnou. Le péristyle est orné de
quatre bas-reliefs :

Au nord (fig. B, Pl. XX) Varâha, incarnation de Vichnou
en sanglier, vient de faire sortir des eaux la terre, représentée par la déesse Lakshmi. Il a le pied posé sur le dieu-ser-
pent Nâgarâja, roi des eaux, qu'il vient de dompter.

A gauche du bas-relief on reconnaît Sourya dont la tête est
nimbée du disque solaire et à gauche se tient Brahmâ dont on
peut distinguer les trois visages (voir tome II, Pl. XXV, B).

A l'est et à gauche : le bain de la déesse Gaja-Lakchmî,
épouse de Vichnou, est assise au milieu d'un lotus en forme de
trône. De chaque côté, des servantes apportent des vases rem-
plis d'eau et deux éléphants, prenant ces vases à l'aide de
leur trompe, en versent le contenu sur les épaules de la
déesse (voir tome II, Pl. XXXVII, B).

Ce tableau est extrèmement gracieux et témoigne chez les
sculpteurs Pallavas, d'un sens artistique très remarquable.

A droite, un bas-relief qui fait pendant au précédent représente Dourga qui, se trouvant dans un temple exclusivement consacré au culte de Vichnou, est peut-être considérée
ici comme l'épouse de ce Dieu. D'ailleurs Dourga porte le
« sankha » et le « cakra » qui sont les insignes de Vichnou,
et de nos jours encore cette déesse, qui est ordinairement
considérée comme la femme de Siva, est adorée par les
vichnouïstes.

Le panneau méridional représente Vichnou sous la forme
de Vâmana-avatâra ou Trivikrâma, c'est-à-dire parcourant
l'univers en trois pas fig. A, Pl. XVI). Vichnou qui s'était
présenté au roi Bali sous la forme d'un nain apparaît tout à
coup sous sa véritable forme de Dieu puissant et gigantes-

que.Ses huit bras brandissent des armes redoutables,et d'un
pas, il mesure la distance de la terre au ciel. Le roi Bali est
à ses pieds ; dans les airs Siva et Sourya rendent hommage
au Dieu et Brahmâ verse respectueusement sur son orteil un
peu d'eau lustrale (voir tome II, Pl. XXX, B).

Il n'est peut-être pas inutile de faire remarquer combien
la puissance du Dieu eût été moins manifeste si le sculpteur
ne lui avait donné que deux bras. Cette multitude de mem-
bres qui rayonnent autour de lui avec des gestes terrifiants
était seule capable d'exprimer la nature surhumaine du
Dieu Trivikrâma.

La cave de Varâha semble complètement achevée. Il n'en
est pas de même de la plupart des antiquités des Sept Pagodes, où en certains endroits la pierre est à peine épannelée.

*c*) *La cave de Dourga* (Yamapuri mandapam),bien que non
achevée, contient deux bas-reliefs de premier ordre (1).

Le panneau sud représente Vichnou couché sur le serpent
(fig. B, Pl. XVI). Le Dieu n'a que deux bras et il est très probable qu'il tenait le « sankha » de sa main gauche et le
« cakra » de sa main droite. Ces insignes sont très effacés, de
telle sorte que le Dieu semble avoir les mains difformes.

Les personnages qui entourent le Dieu : gandharvas,
dvâlapâlas, guerriers, etc. sont très artistement sculptés.

Sur la face nord de la cave se trouve le célèbre bas-relief
représentant le combat de Dourga (Kâli) contre Mahichasura,
géant à tête de buffle (fig. A et B, Pl. XVII). On ne saurait
trop vanter cette belle composition. Il y règne un véritable
souffle épique. La Déesse montée sur un lion est à la fois
terrible et gracieuse. Les personnages sont groupés avec un

_______

(1) Un troisième bas-relief représentant Sumaskanda (Siva avec
Parvati et Soubramaniar), se trouve au fond du sanctuaire qui contenait le Lingam. Le bœuf Nandi est accroupi aux pieds de la divine
famille. Siva, le grand Dieu, est plein de calme et de majesté. Parvati
a une pose empreinte de douceur et de grâce et tient sur ses genoux
l'enfant Soubramaniar.

A. — Façade de la cave de Varàha (VIIe siècle)

B. — Intérieur de la cave de Varàha

A    Vamana-Trivikrama  VII' siecle

B.    Vichnou couché sur le serpent

art consommé. Ce bas-relief, comme d'ailleurs toutes les sculptures des Sept Pagodes, montrent que les Pallavas étaient essentiellement des hommes de goût ; ils avaient le souci de la mesure et de l'harmonie, ils avaient l'amour des beaux gestes et des belles formes. Les sculptures des Pallavas prouvent que les hommes qui habitaient la côte de Coromandel au commencement du VIIe siècle avaient atteint un très haut degré de civilisation.

Les autres caves Dharmaraja, Ràmànuja, des Cinq Pandavas, etc. sont moins importantes, nous en dirons quelques mots en étudiant le style de ces monuments (1).

*Le style.* — Nous avons dit que les rathas et les caves appartenaient au même style, qui est le plus archaïque de l'architecture dravidienne. Essayons donc de caractériser d'une façon précise le style de cette époque (première moitié du VIIe siècle).

(1) Le style des monuments de Mavalipuram ne se trouve étudié nulle part, même superficiellement. Par contre des descriptions générales des antiquités des Sept Pagodes sont innombrables.

Nous n'essayerons pas d'en donner ici une bibliographie complète. En 1816 le colonel Colin Mackenzie fit un travail sur ce sujet qui resta en manuscrit à l' « India Office ».

En 1869, le capitaine Carr publia une collection de documents d'auteurs divers (W. Chambers, I. Goldinggham, G. Babington, W. Mahon, John Braddock, W. Taylor, Walter Elliot, C. Gubbins). M. Burgess décrivit ces monuments dans l'ouvrage *Cave Temples of India* et en 1910 dans l'ouvrage *History of Indian and eastern Architecture* (t. I, p. 327 à 342).

D'ailleurs les Sept Pagodes sont visitées par un grand nombre de touristes qui y trouvent un excellent bungalow. On peut s'y rendre de Madras ou de Chingleput. On s'y rend de Madras (32 miles) à l'aide d'un bateau spécial qui suit le canal de Buckingham. Si l'on vient de Chingleput (station de S. I. Railway) il faut suivre la route qui passe par Tirukkalukkundram (environ 18 miles, milles anglais).

Les monuments de Mavalipuram, comme tous les monuments dravidiens, sont soumis aux règles générales que nous avons résumées en parlant de l' « ordre dravidien ».

L'édifice se compose de trois parties :

1° Le piédestal (oubapitam) (1).

2° La partie principale, qui peut se diviser en trois régions : *a*) le pilier (stambham), *b*) le corbeau, *c*) l'entablement (prastaram).

3° L'attique (pancharam).

1° *Le piédestal* (fig. 34) est à peu près celui que nous avons représenté dans la figure 22. Nous ferons seulement remarquer que la partie appelée « coumoudam » n'est pas un tore comme plus tard dans l'art dravidien), mais a la forme de coin émoussé (baudeau chanfreiné et biseauté).

Sa section n'est donc pas circulaire, mais polygonale (fig. 34).

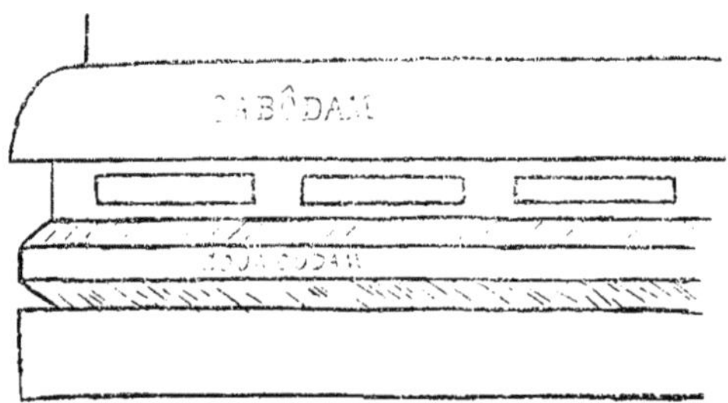


Fig. 34. — Piédestal (oubapitam).

En outre, il arrive souvent que le cabodam soit simplement un listel au lieu d'avoir la forme courbe d'un larmier.

(1) Nous avons écrit « oubapitam » et non pas « upapîtha » pour cette raison que nous avons adopté pour tous les termes d'architecture une orthographe qui est la traduction française de la prononciation des ouvriers du pays tamoul.

Cela n'a d'ailleurs aucune importance puisqu'on trouvera sur les figures du chapitre V ces mots écrits en caractères tamouls.

2º *Partie principale* : *a*) Les piliers :

*Le pilier à chapiteau bulbeux*. — C'est toujours cette sorte de pilier qui est employée comme pilastre, c'est-à-dire engagé dans la muraille.

Presque toujours aux Sept Pagodes, sa base est formée par un lion accroupi (sârdûla) qui sert de caryatide. Nous avons vu que les lions étaient représentés souvent dans l'art bouddhique. Les lions accroupis qui ont une certaine ressemblance avec ceux que l'on voit sur les volutes des portes de Sânchi (la queue est dessinée de la même manière) ; ils sont extrêmement communs dans l'art Pallava de Mavali puram et de Kâñchîpuram.

Ce n'est point toutefois un caractère essentiel de l'art Pallava. Il n'y a point de lions accroupis dans les caves Pallavas de Trichinopoly, au contraire on en trouve à toutes les époques dans l'art dravidien, et quand nous parlerons de la pagode de Vellore, nous montrerons une colonne à chapiteau bulbeux ayant un lion comme base (fig. B, Pl. XVIII). Bien entendu la forme de ce lion a sensiblement varié pendant l'intervalle de mille ans.

Ces lions indiens appelés « siṁhas » ne sont pas comme les autres animaux de cette espèce : leur crinière est très peu épaisse et légèrement bouclée (1). Ce genre existait autrefois dans l'Inde tout entière, et leurs images se rencontrent partout dans l'art de ce pays. Il en existe encore, paraît-il, dans le Gujarat.

Lorsque la base du pilier est constituée par un lion accroupi (sârdûla), le fût est ordinairement galbé. Sa section est généralement octogonale, excepté lorsque c'est un pilastre engagé, et alors la section est ordinairement carrée.

---

(1) Ces lions à crinière bouclée et peu apparente ont une certaine ressemblance avec les lions grecs. Il est incontestable cependant que les simhas ne sont pas d'origine grecque car ils sont représentés de la même manière sur les monuments hindous antérieurs à l'influence grecque et en particulier sur les colonnes d'Asoka (voir fig. 14).

La partie appelée « calassam » n'a pas dans l'art de Mavalipuram la forme de vase qui deviendra plus tard générale, c'est simplement la continuation du fût qui se galbe davantage à l'approche du chapiteau.

Il est à remarquer que la moulure appelée « padmabhandam », qui est au-dessous du « calassam », n'existe jamais dans les monuments de Mavalipuram et de Kâñchîpuram.

Le chapiteau est composé de deux parties superposées de formes identiques : la partie inférieure étant la réduction de l'autre.

Remarquons en effet (fig. 35) que la moulure appelée tadi est la réduction du tailloir appelé palagaï.

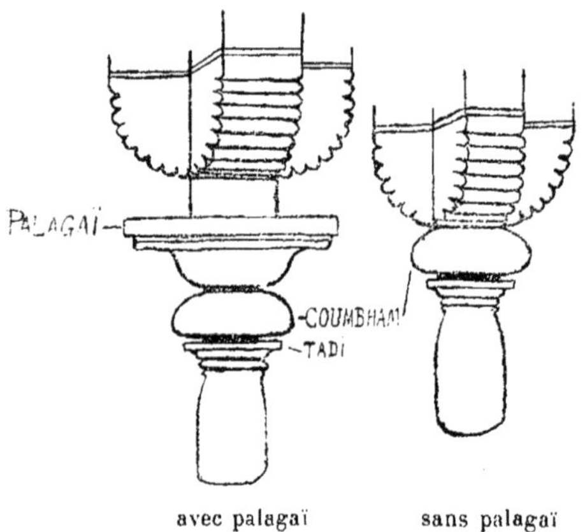


Fig. 35. — Chapiteaux bulbeux de l'époque Pallavâ.

Au point de vue des rapports entre les dimensions de ces différentes parties, on peut dire que la hauteur du chapiteau égale à deux fois la largeur du fût. Le bulbe (coumbham) a une largeur égale à une fois et demie la largeur du fût, et le tailloir (palagaï) a une largeur égale à deux fois la largeur du fût.

Le fût étant toujours légèrement galbé, il s'agit ici de sa largeur moyenne. Quant à la hauteur du fût, elle est très variable.

Le bulbe (coumbham) est la partie essentielle du chapiteau

A. — Intérieur de cave Yamapuri (VIIᵉ siècle)

B. — Combat de Kâlî et de Mahichâsura (VIIᵉ siècle)

A. -- Façade de la cave des Cinq-Pandavas (VII᷉ siècle)

B.     Chapiteaux persépolitains à l'entrée de la cave des Cinq-Pandavas (VII᷉ siecle)

de ce genre de pilier. Son origine n'est pas douteuse : Il est
certain que cette sorte d'ellipsoïde aplati est le produit de
l'évolution de la cloche des chapiteaux bouddhiques. Cette
transformation s'était déjà produite à l'époque de Kanishka.

A ceux à qui cette identification pourrait sembler douteuse
nous ferons remarquer la forme des piliers d'une cave située
à gauche du bas-relief « Pénitence d'Arjuna » et appelée
« cave des Cinq Pandavas ».

La figure A (Pl. XVIII) en donne l'aspect général ; la
figure B (Pl. XVIII), montre la forme des piliers : au-dessus
de l'abaque, on voit des lions sur lesquels sont montés des
cavaliers. Ces chapiteaux sont donc analogues à des chapiteaux persépolitains, et la ressemblance avec les chapiteaux
de Kârli et de Nâsik est frappante : il y a une partie bulbeuse,
au-dessus de laquelle on voit un tailloir qui supporte des
animaux et des cavaliers.

A Mavalipuram on rencontre très fréquemment des chapiteaux bulbeux dépourvus de tailloir (palagaï). La figure 35
montre la différence entre les chapiteaux avec et sans palagaï.

Dans le Dharmarâja ratha, par exemple, les chapiteaux
bulbeux sont innombrables et on ne voit pas un seul palagaï.

La figure B (Pl. XIX) représente deux des chapiteaux du
Dharmarâja ratha. Cette absence de tailloir que l'on remarque aussi dans les caves de Trichinopoly deviendra extrêmement rare aux époques ultérieures de l'art dravidien, et il est
à remarquer que dans les monuments Pallava de Kânchîpuram, que nous étudierons tout à l'heure (Kaïlàsanàtha, Vaïkuntha Perumal, etc.), les chapiteaux bulbeux ont toujours
un palagaï.

Quelle est l'origine de ce tailloir (palagaï)? Il est possible
que ce n'est autre chose que l'abaque en gradins qui est générale dans les chapiteaux bouddhiques. Les gradins furent
remplacés par une doucine imitant le calice d'une fleur (1).

_______

(1) Cette doucine qui supporte la tablette de l'abaque (palagaï) s'ap-

*Pilier à chapiteau cubique.* — La seconde sorte de pilier (fig. 36) est le pilier à chapiteau cubique. Sa forme est très simple : c'est un pilier de section carrée ; à mi-hauteur, les quatre arêtes ont été biseautées de telle sorte qu'en son milieu, le pilier a une section octogonale.

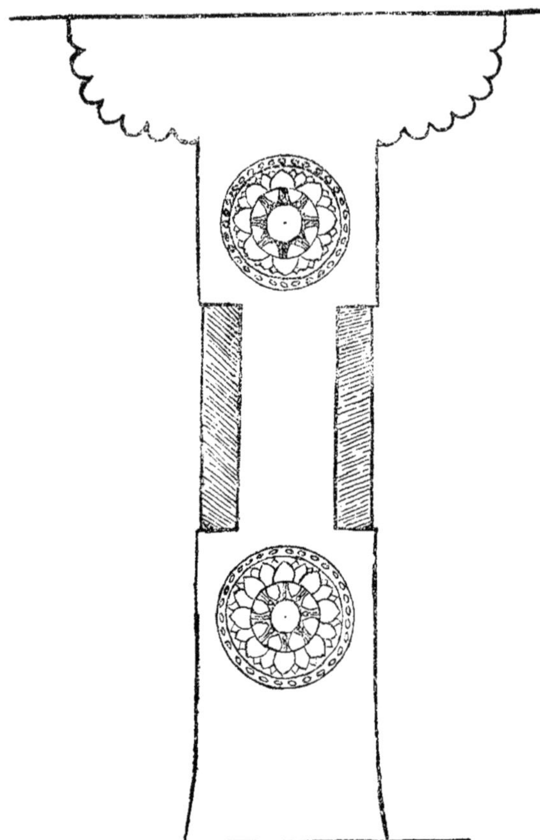

Fig. 36. — Pilier à chapiteau cubique de l'époque Pallava.

Il est incontestable que ce pilier n'est autre que celui que nous avons décrit en étudiant l'art bouddhique (fig. 9).

pelle en tamoul moderne « idaje » ou « idage ». Ce mot veut dire feuille ou pétale ; de nos jours en effet des pétales de fleurs sont dessinés en cet endroit.

Il est à remarquer, en effet, que dans plusieurs caves Pallava les faces cubiques de ce pilier sont ornées de fleurs de lotus très analogues à celles qui décoraient les balustrades bouddhiques. Aux Sept Pagodes on ne voit nulle part de fleurs de lotus sur les faces cubiques. Ces faces sont nues, mais il est certain que ces piliers étaient autrefois peints. Dans d'autres caves (par exemple à Vallam et à Manmandur) on voit encore des restes de peintures.

On trouve des fleurs de lotus sculptées sur les piliers de Manmandur (à 6 milles au sud de Conjeeveram), de Dalavanur (6 milles au sud de Gingee), de Mandagapattu (11 milles au nord-ouest de Villupuram), de Trichinopoly, de Tiruparankundram (près de Madura) et il est incontestable que ces caves appartiennent à l'art Pallava. D'ailleurs on trouve ces fleurs de lotus sculptées sur les colonnes du mahâmaṇḍapam du temple de Kaïlàsanâtha à Kâñchipuram.

Ces piliers à cubes ornés de fleurs de lotus sont donc très communs dans l'art Pallava, et leur importance est très grande pour l'histoire de l'art, car, d'une part, ils se rattachent aux piliers bouddhiques de forme analogue, par exemple ceux des caves de Râni-Gumpha et de Ganesa à Udayagiri (1), d'autre part ces piliers cubiques de l'époque Pallava sont les ancêtres du pilier à cubes qui est si universellement employé dans les styles de Bijanagar et de Madura (voir fig. 53).

Les deux genres de piliers que nous venons de décrire sont bien contemporains : la figure A, Pl. IX, montre une cave de Mavalipuram dont la voûte est supportée par deux rangées de piliers, la première étant formée de piliers à chapiteaux cubiques, la seconde de piliers à chapiteaux bulbeux.

Cette cave, qui n'a pas reçu de nom particulier, se trouve à peu de distance de la cave de la Trimûrti ; elle est située tout à fait à l'ouest et nous l'avons désignée sur la carte

(1) Voir Fergusson et Burgess, *History of Indian architecture*, t. II, p. 15 et 14, 267 et 270.

(fig. 32) par le nom de « cave des cinq cellules » parce qu'on
y trouve cinq petits sanctuaires qui contenaient des Lingams.

b) *Le corbeau*. — Au-dessus du pilier se trouve toujours
ce que nous avons appelé le corbeau dravidien.

Nous avons dit que la forme de ce motif était très importante dans l'histoire de l'art. Il n'y a pas, en effet, de partie
de l'édifice qui se soit modifiée d'une façon plus complète
dans le cours des siècles. Il importe donc de bien caractériser sa forme.

Aux Sept Pagodes le genre de corbeau qu'on trouve partout et qui est employé presque exclusivement, a une forme
extrêmement simple que nous avons déjà représenté au-dessus des chapiteaux de la figure 35.

Dans le Dharmarâja ratha, par exemple, les pilastres sont
innombrables, et c'est toujours ce genre de corbeau qui se
trouve à leur partie supérieure (fig. B, Pl. XIX).

Ce corbeau a une forme courbe et sur sa tranche on a
tracé des lignes horizontales, qui dessinent des rouleaux ou
des copeaux (1).

(1) *Dictionnaire de l'architecture française du* XI<sup>e</sup> *au* XVI<sup>e</sup> *siècle*, par
Violet-le-Duc, t. IV, p. 309. — Corbeau. « ..... La tradition des cou-
vertures en charpente se fait sentir par la présence des corbeaux qui
sont conservés sous les tablettes des corniches jusqu'à la fin du XII<sup>e</sup> siècle. L'église de Notre-Dame-du-Port, à Clermont, celle de Saint-Etienne
de Nevers, possèdent des corniches à corbeaux historiés fort intéressants
à observer... C'est évidemment là une imitation d'un bout de solive
œuvrée ; ces rouleaux qui accompagnent le nerf principal ne sont autre
chose que les copeaux produits par la main du charpentier pour dégager ce nerf du milieu. Il suffit de savoir comment l'ouvrier peut, avec
la bisaiguë, évider le bout d'une solive de façon à y réserver un renfort,
pour reconnaître que ces rouleaux reproduisent les copeaux obtenus
par le travail du charpentier... L'ouvrier enlèvera, des deux côtés de ce
renfort, avec sa bisaiguë, une suite de copeaux minces pour ne pas fen-
dre son bois ; puis il les coupera à leur base, s'il veut complètement
dégager ce renfort. Voyant que ces copeaux formaient un ornement on
aura eu l'idée primitivement de ne les point couper, et les solives
auront été ainsi posées. Plus tard, cette décoration produite par le pro-
cédé d'exécution employé par l'ouvrier, aura été figuré en pierre. »

A. — Piliers de la cave des cinq céllules (VII⁰ siècle)

B.    Chapiteau et corbeau du Dharmarâja ratha (VII⁰ siècle)

A. — Pilier à l'entrée du "Ràmànuja Mandapam" (VII° siècle).

B.    "Bhima ratha" vu de coté (VII° siècle).

Chose très remarquable, c'est à Mavalipuram seulement qu'on trouve ce genre de corbeau dans un monument dravidien. Dans les temples de Kâñchîpuram, nous trouverons un corbeau presque identique, mais les rouleaux seront toujours attachés par un bandeau.

Ce n'est pas à dire pour cela que les architectes de Mavalipuram n'ont jamais réuni les copeaux par un bandeau, mais ce qui sera la règle dans les temples de Kaïlâsanâtha et Vaïkonthapérumal à Kâñchîpuram, est tout à fait l'exception aux Sept Pagodes. On ne trouve quelquefois le bandeau que lorsque le corbeau appartient à un pilier isolé et qu'il est destiné à supporter un linteau.

La figure A, Pl. XX, représente un pilier à chapiteau bulbeux sans palagaï dont la base est formée par un lion accroupi et dont le corbeau est orné de copeaux réunis par un bandeau.

Ce pilier appartient à la cave appelée « Ràmànuja » (1).

En résumé, le corbeau que l'on trouve au-dessus de tous les piliers des rathas et des caves de Mavalipuram, c'est le corbeau circulaire à copeaux non attachés par un ruban, et ce motif ne se rencontre dans aucun autre monument dravidien.

Dans des cas exceptionnels, les copeaux sont réunis par un bandeau, et c'est ce motif qui deviendra général dans les monuments Pallavas de l'époque suivante (Kânchîpuram).

c) *L'entablement* (prastaram). — Ces corbeaux que nous venons de décrire supportent l'architrave, et au-dessus se trouve le larmier (cabodam). Celui-ci est une sorte de petit toit destiné à rejeter au loin les eaux de pluie.

La figure 37 montre les détails de cette partie de l'édifice.

Au-dessous du larmier se trouvent des modillons (outtiram) ; ceux-ci représentent souvent des oies sacrées (Voir fig. 37). On remarquera notamment ces oies, au-dessus des

_______________

(1) Cette cave était ornée de bas-reliefs qui ont été détruits par des vandales.

grands bas-reliefs représentant Vâmana et Trivikrâma dans
la cave de Vichnou.

On ne trouve ces oies qu'à Mavalipuram ; elles disparaissent totalement dans les monuments postérieurs. Nous avons
vu que les oies étaient fréquemment représentées dans l'art
bouddhique.

Souvent aussi ces modillons représentent des petits nains,
sortes d'amours (gandharvas) qui ne disparaîtront pas aux
époques suivantes.

Le larmier lui-même (cabodam) est toujours décoré de
l'ornement que nous avons appelé le coudou. Sa forme rappelle le fer à cheval bouddhique d'où il tire certainement son
origine. La figure 37 en montre la forme ordinaire.

Fig. 37. — Entablement (prastaram).

Au centre on voit presque toujours une tête de gandharva, dont les cheveux forment un gros rouleau autour de
la tête et qui porte deux larges boucles d'oreilles circulaires.
Des deux côtés de la base du coudou on remarque des sortes
de feuillages (carouckou) qui s'envolutent. Le fer-à-cheval
est orné de petites fleurs, et au sommet on voit, à la place de
ce que l'on appelle, dans l'art moderne, le « simha-mougam »
un ornement que nous appellerons le fer de pelle, à cause de
son analogie avec le fer d'une pelle.

Il est intéressant d'étudier les ornements en bas-reliefs qui décorent le « fer de pelle ». A Mavalipuram c'est toujours une sorte de feuillage (carouckou) et que nulle part on ne voit dessinée une tête de lion. Ce fait est important, car nous verrons que dans l'art de Kauchipuram, il y a toujours une tête de lion sculptée en bas-relief ; aux époques postérieures, la tête de lion apparaît en haut-relief.

3° *L'attique*. — Au-dessus du larmier (cabodam) les poutres qui forment la base de l'attique sont ornées par des sculptures en haut-relief représentant des têtes de lions (simhas) et de makaras. Nous avons dit que cette partie de l'édifice s'appelle varimanam.

La figure 37 montre ces têtes au-dessus du larmier. Lorsque la tête se trouve à l'extrémité de la moulure, c'est toujours un makara (crocodile à trompe d'éléphant) dont la gueule est démesurément ouverte. Dans l'art Pallava ces têtes sont petites et peu visibles. Nous verrons que dans l'art Chola elles prendront des dimensions considérables.

L'origine de ce motif est peut-être cette série d'animaux en file indienne que nous avons vue, ornant la plinthe des balustrades de l'époque de Kanishka. En tous les cas, les têtes de lions de l'art Pallava occupent à la base de la balustrade une place exactement correspondante à celle occupée par les animaux en file indienne de l'art bouddhique.

La figure 38 montre l'aspect général des attiques de Mavalipuram. La ressemblance avec des maisons de bois est très manifeste. C'est tout un travail de charpenterie qui se trouve représenté dans la pierre. Chacun des petits pavillons (pancharam) est construit comme un petit chalet. Il est très vraisemblable qu'à l'époque où furent sculptés les rathas de Mavalipuram, il existait encore des maisons bâties de cette manière dont il nous en reste la copie en pierre. Il est vrai que ces pavillons sont trop petits pour être habitables, mais c'est là assurément un artifice destiné à faire illusion sur la grandeur réelle de l'édifice.

7

Un des caractères qui distinguent le mieux les pancharams
de l'époque Pallava. c'est l'importance de la balustrade :
elle est à peu près de la même hauteur que la fenêtre et elle
a effectivement l'aspect d'un parapet. Les poutres de bois

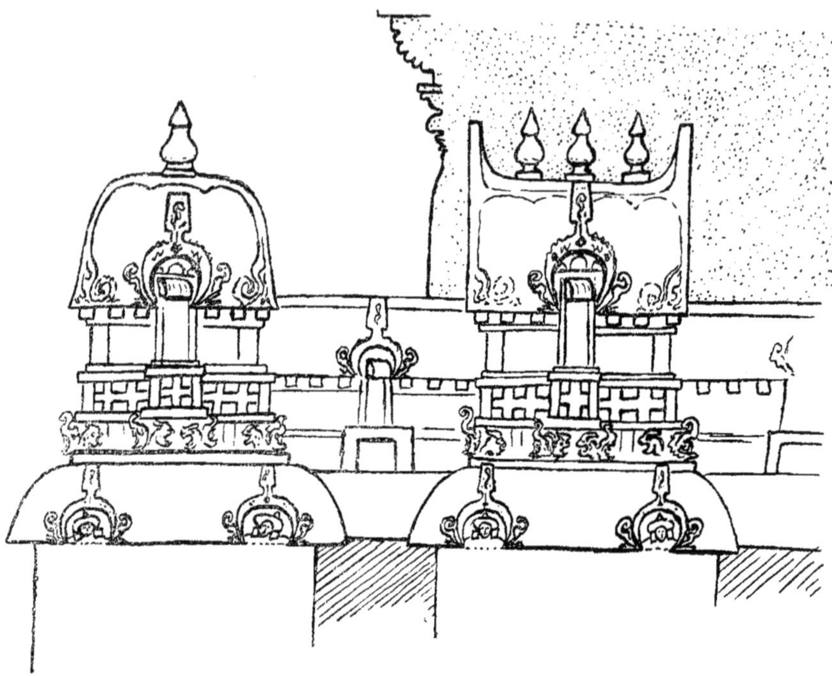

FIG. 38. — Attique formée de pavillons (pancharams) de l'époque Pallava
(Dharmarâja Ratha à Mavalipuram).

disposées en forme de croix sont très visibles. Nous verrons
que plus tard la balustrade s'atrophiera presque complètement et perdra complètement sa signification primitive.

La fenêtre est proéminente et on remarque très bien les
deux poteaux d'huisserie qui rappellent ceux des portes de
l'époque bouddhique et la ressemblance est complétée par le
fer-à-cheval, qui surmonte la fenêtre et qui est peu différent
de celui que nous avons décrit en étudiant les époques d'A-

A.    Façade de la cave sans inscription à Trichinopoly (VII° siècle .

B    Intérieur de la même cave (VII° siècle)

A. — Façade de la cave contenant des inscriptions à Trichinopoly (VIIe siècle)

B. — Intérieur de la même cave (VIIe siècle)

soka et de Kanishka. Il est à remarquer toutefois qu'au milieu
du fer-à-cheval et au-dessus de la fenêtre, il y a un petit
auvent (ou marquise) destiné probablement à empêcher les
eaux de pluie de mouiller la fenêtre. Cette petite marquise est
très proéminente et caractérise d'une façon très nette le fer-
à-cheval de l'époque Pallava (ce même motif existe à Kañchipuram et disparaît complètement dans les monuments
postérieurs).

Les toits sont de deux sortes : en forme de dômes de
base carrée ou octogonale quand le pancharam forme l'angle
d'un étage ou se trouve au sommet de l'édifice : en forme de
voûte en berceau dans les autres cas.

Le faîte du toit est orné d'un ou plusieurs épis stoubi).
Ces stoubis ne sont pas sphériques comme ils le deviendront plus tard, mais ils sont en forme de poires.

Ces petits pavillons (pancharam) sont réunis les uns aux
autres par des sortes de galeries faites de la même manière,
mais moins élevées que les pavillons, résultat obtenu en sup-
primant la balustrade.

Lorsque le toit est en berceau, les deux extrémités sont
des pignons qui sont décorés d'une façon assez particulière.

La figure B, Pl. XX, représente le Bhîma ratha vu de
côté.

Fig. 39. — Pignon du Ganésa ratha.

La figure 39 montre le pignon du Ganésa ratha. Dans cette

dernière figure on remarquera que le toit se termine par une
sorte de trident qui est certainement le « Trisulam » de Siva
et qui rappelle le Triratna des bouddhistes. Au-dessous du
trident on voit une petite tête humaine. Dans les styles postérieurs nous trouverons toujours en cet endroit une énorme
tête de lion (siṁha). L'amortissement du pignon du Ganésa
ratha est donc une forme très archaïque.

En passant en revue les différentes parties de l'édifice,
nous avons laissé de côté les ouvertures : niches, portes, etc.

On trouve fréquemment des niches dans lesquelles sont
représentées des divinités. Lorsque ces niches sont des deux
côtés de la porte, elles sont occupées par des dvârapâlas (génies gardiens du seuil).

Il est à remarquer que généralement l'encadrement de
ces niches n'est pas orné (plus tard elles le seront toujours).
Toutefois lorsque l'encadrement des niches est décoré,
comme c'est le cas dans le Draupadi Ratha, on remarque le
motif qui est représenté fig. 40 A. C'est la même ornementa-

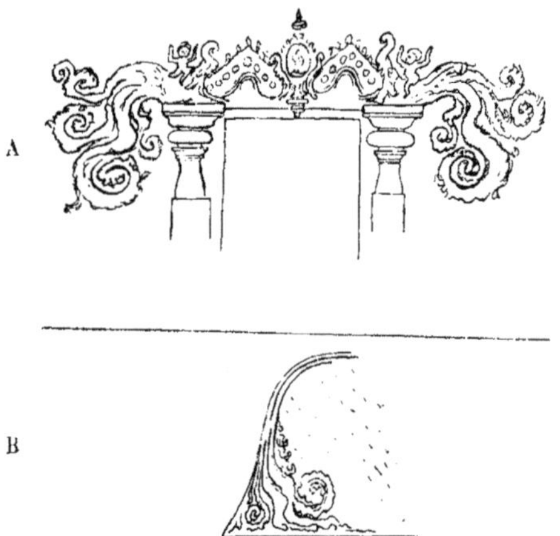

Fig. 40. — A. Tirouatchi brisé ornant le haut d'une niche (dévagosta).
B. Côdicarouckou ornant un toit.

tion que l'on remarque au-dessus de la niche de Dourga dans
la cave de la Trimûrti.

Le tailloir des piliers placés de chaque côté de la niche supportent des Makaras.

Le makara est le crocodile hindou. A l'époque bouddhique il ressemblait encore à peu près à un crocodile, mais au vii<sup>e</sup> siècle après J.-C. sa forme est tout à fait stylisée : il a une tête de lion, une trompe d'éléphant et sa queue est formée d'un grand panache de forme conventionnelle, appelé « vâlou ».Cette espèce de feuillage appelé « carouckou » qui forme le panache est d'ailleurs un motif très employé dans l'art Pallava. C'est un ornement analogue, formé de lignes courbes qui ondulent et se terminent en volutes, que l'on voit dans les coins des dômes et des toits, et qui porte le nom de « côdicarouckou ».

La figure 40 B montre le coin d'un toit orné de cette manière.

Nous avons dit que deux makaras se trouvaient au-dessus des tailloirs de chaque côté de la niche ; sur leur dos sont montés des petits gandharvas, et de leur gueule sort un ornement en zig-zag. Il est à remarquer que la forme cassée cet ornement n'existe qu'aux Sept-Pagodes (1).

Partout ailleurs (à Kâñchîpuram par exemple) l'ornement qui sort de la gueule des makaras est circulaire. Nous verrons que ce genre d'ornement subsistera jusque dans l'art moderne où il porte le nom de « tirouatchi ». Nous donnerons donc le nom de « tirouatchi brisé » à la forme très spéciale que nous trouvons à Mavalipuram et que nous avons représentée figure 40 A.

Au centre de cet ornement deux petites têtes de makaras supportent un médaillon.


Tels sont les principaux caractères de l'architecture des rathas et des caves de Mavalipuram qui représentent le style

_______________

(1) On le trouve aussi, chose étrange, sur le temple de Mâlegitti à Bâdâmi, représenté d'une façon à peu près identique.

Pallava dans la première moitié du viie siècle (625 environ).

Les caves de Trichinopoly peuvent se rattacher à ce groupe.

Celle qui, par son style, paraît être la plus ancienne est creusée tout à fait à la base du rocher de Trichinopoly.

La figure A, Pl. XXI, représente une partie de la façade. Les piliers sont à chapiteau bulbeux sans palagaï. Cette cave est assez vaste. La figure B, Pl. XXI, montre une partie de l'intérieur.

En face de l'entrée on voit Brahmâ, entre Sourya à droite et à gauche l'image d'une divinité qu'il est difficile d'identifier. Nous avons dit précédemment que notre opinion est que cette image représente Soubramaniar. Il est à remarquer en effet qu'à côté de cette divinité se trouve Poulléar (Ganésa) et il est probable que les deux fils de Siva ont été représentés l'un auprès de l'autre.

La cave contient deux sanctuaires : celui de droite est consacré à Vichnou, celui de gauche à Siva.

Cette cave ne porte aucune inscription.

La seconde au contraire en est couverte. Elle est située à mi-côte lors on monte au sommet du rocher de Trichinopoly.

Son style semble indiquer qu'elle est moins ancienne que la cave que nous venons de décrire. Il est très probable cependant que toutes deux datent de viie siècle.

La figure A, Pl. XXII, montre l'entrée de cette cave. Les piliers sont à chapiteau cubique ornés de fleurs de lotus. A l'intérieur de la cave, on voit à gauche un bas-relief (fig. B, Pl. XXII représentant Siva faisant sortir de sa chevelure la déesse Ganga. A droite de la cave se trouve un sanctuaire dont l'entrée est orné par deux beaux dvârapâlas (fig. A,

A. — Sanctuaire de la cave contenant des inscriptions à Trichinopoly (VII$^e$ siècle)

B. — Corbeau à l'intérieur de la même cave (VII$^e$ siècle)

A. - " Rathas " dans le temple de Kailâsanâtha à Kânchipuram (VIIIᵉ siècle).

B. - Mur sculpté du temple de Vaikuntha Perumal a Kanchipuram (VIIIᵉ siècle).

Pl. XXIII). On verra dans la figure B, Pl. XXIII, le chapiteau et le corbeau d'un pilier qui se trouve au fond de la cave.

Nous avons dit que celle-ci était couverte d'inscriptions. Deux d'entre elles, écrites en sanscrit, mentionnent les noms de souverains Pallavas (*South Indian Inscriptions*, vol. 7, 1890, p. 28, 29 et 30) (1).

### § 2. — Kâñchipuram.

Quand nous avons parlé des monuments Pallavas des Sept-Pagodes, nous avons divisé ces monuments en deux groupes :

Le premier groupe dont nous venons d'étudier le style, comprend les rathas et les caves, qui sont monolithes.

Le second groupe comprend les temples non plus monolithes, mais construits en pierre. Il y en a trois :

Le premier situé au nord du village est insignifiant ; le second est bâti au sommet du rocher dans lequel est creusée la cave de Dourga, près du phare. Le troisième, qui est au bord de la mer, est connu sous le nom de « Shore Temple ».

Un examen attentif n'est pas nécessaire pour remarquer que les monuments du second groupe ne sont pas du même style que ceux du premier groupe. Par exemple, les monuments du type du « Shore Temple » sont caractérisés par une profusion de lions cabrés. Or, dans les monuments du type des rathas, on ne voit nulle part ces lions cabrés.

(1) Il importe enfin de citer le rocher sculpté de Karugumalai, dans le district de Tinnevely : Etant situé à l'extrémité la plus méridionale du pays tamoul, il serait téméraire de lui attribuer une date en se basant sur la très grande ressemblance qui existe entre le style de ce « ratha » et ceux de Mavalipuram. Cette sculpture est inachevée, seule la partie supérieure est terminée ; partout ailleurs, la pierre n'est même pas épannelée. Enfin, nous ne pouvons en juger que d'après des photographies (Nicholas à Madras, n⁰ˢ 1085 et suiv.), n'ayant pu nous transporter nous-même à Karugumalai.

Nous pensons que ces sculptures datent d'environ 700 après J.-C.

Il nous serait cependant impossible de définir d'une façon précise le style du « Shore Temple ». Ces monuments sont en effet extrêmement délabrés. L'air de la mer a usé la pierre à ce point que les sculptures ont presque totalement disparu (1).

Il existe heureusement à Kañchîpuram (2) (Conjeeveram) plusieurs temples dont le style est absolument identique à celui du « Shore Temple ».Les monuments de Kañchîpuram sont bien moins délabrés et contiennent des inscriptions.

Conjeeveram se trouve sur la ligne du chemin de fer qui relie Chinglepet et Arkanam ; elle possède de grandes et riches pagodes qui attirent un nombre considérable de pèlerins.

C'est une ville antique et glorieuse : ce fut autrefois la capitale des Pallavas, l'auguste cité de Kâñchî.

Les plus anciens monuments qu'on y ait découverts sont les temples d'Airâvatêsvara, de Tripurântakêsvara et deux autres bien plus importants de Vaïkuntha Perumâl et surtout de Kaïlàsanàtha.

Ce dernier monument est connu depuis fort longtemps.

On lit, en effet, dans l'ouvrage de Langlès : *Monuments de l'Hindoustan*, M D C C C X X I, t. II, p. 59 et 60 :

« Cette description nous dispense, je crois, de donner ici une vue qui ne serait à certains égards que la répétition des pagodes de Tanjaour et de Chalembrom, car toutes les grandes pagodes sont bâties à peu près sur le même plan. Nous ne nous arrêterons donc désormais qu'à celles qui nous paraîtraient en différer totalement ; telle est, par exemple, la très ancienne pagode remarquable par sa forme extraordinaire et regardée comme malabre, quoiqu'elle soit située presque sur la côte même de Coromandel, à 300 ou à 400 pas ouest de

______

(1) Le plan du Shore Temple levé, par M. Rea, est reproduit dans l'ouvrage *History of Indian Architecture*, par Burgess (1910), t. I, p. 361.

(2) On peut écrire également Kañchîpuram et Kâñchîpuram.

Kandjeverâm ; c'est une masse de roche creusée et sculptée, à
peu près comme les temples de Mavalipuram, ce qui forme
une espèce de pyramide dont le sommet se termine en dôme :
l'entrée semble être défendue par quatre de ces simhâs, lions
monstrueux dépourvus de crinière, et par un taureau de
glaise, nouvellement moulé : sept petits édifices, placés à la
droite de la porte, couvrent autant de Lingas d'un granit noir
et poli, haut de deux pieds, les uns ronds, les autres taillés
à facettes. Tout à l'entour de cette pagode, dans la partie inférieure du monument, sur un fond uni, large de 6 pou-
ces, règnent des inscriptions absolument semblables à celles
qu'on voit aux Sept-Pagodes. »

Ainsi, en 1821, le savant français Langlès connaissait le
temple de Kaïlâsanâtha à Kâñchîpuram et en faisait remarquer l'importance archéologique ; il constatait une analogie
non seulement entre le style de ce temple et celui des Sept-
Pagodes, mais encore entre les inscriptions de Kâñchîpuram et celles de Mavalipuram (1).

Pendant plus de soixante ans le temple de Kaïlâsanâtha
resta complètement inconnu des archéologues. C'est à
M. Burgess que revient l'honneur d'avoir attiré l'attention
sur l'importance de ce monument.

Les inscriptions (2) qui se trouvent sur le vimâna prouvent
que cette partie du temple (3) fut édifiée par Râjasiṁha, prince
Pallava qui régnait à Kâñchî vers 700 après J.-C.

---

(1) Il n'est donc pas absolument exact de dire avec M. Hultzsch
(*South Indian Inscriptions*, vol. I, 1890, p. 8) : « On a visit to Kâñchîpuram in the year 1883, Dr Burgess made the important discovery,
that the comparatively insignifiant Temple of Kailâsanâthasvâmin at
Kânchîpuram (Conjeeveram) was not only built in the Pallava style of
sixth century architecture, but contained a number of inscriptions in
the Pallava character and Sanskrit language besides others in the Ta-
mil alphabet and language. »

(2) *South Indian Inscriptions*, vol. I (1890), by E. Hultzsch, p. 12 et
suiv.

(3) Qui est désigné par l'épithète de temple de Râjasimhesvara.

Devant le grand Vimàna se trouve un petit sanctuaire, dont les inscriptions affirment que cette partie fut construite par Mahendravarman, successeur de Râjasimha (Hultzsch, *South Indian Inscriptions*, vol. I, page 22).

Le temple de Kaïlasanatha est donc un specimen du style Pallava dans la première moitié du huitième siècle, qui diffère sensiblement de celui des rathas et des caves des Sept-Pagodes. Il y a d'ailleurs entre les âges de ces monuments un intervalle de près d'un siècle.

Nous ne ferons pas la description détaillée des monuments Pallavas de Kâñchîpuram, description que l'on trouvera dans l'ouvrage de M. Rea : *Pallava Architecture* (1). Nous nous efforcerons plutôt de définir le style de ces monuments en insistant sur les différences qui existent entre ce style et celui des rathas de Mavalipuram.

Les archéologues, qui ont parlé des temples de Kâñchîpuram, et en particulier du temple de Kaïlâsanatha, ont toujours insisté sur ce fait que son style est le même que celui des rathas des Sept-Pagodes.

M. Burgess l'affirme dans l' *History of Indian Architecture*, tome I, chap. IV, page 359 : « The style of the temple ... is the same as that of the Mâmallapuram Rathas », et il conclut au synchronisme de ces deux groupes de monuments

Contrairement donc à l'opinion admise jusqu'à présent, nous croyons pouvoir affirmer que les temples de Kañchîpuram ne sont pas du même style que les « rathas » de Mavalipuram et qu'ils ne leur sont pas contemporains. C'est ce que nous allons essayer de montrer.

La figure 41 représente un pilier d'angle engagé dans la muraille du temple de Kaïlâsanatha à Kañchîpuram. Ce pilier présente trois caractères qui distinguent très nettement l'art de Kañchîpuram.

(1) *Archæological Survey of India New Imperial series*, vol. XXXIV ; *Southern India*, vol. XI, Madras, 1909.

A. Nandi devant le temple de Kailâsanâtha à Kanchipuram (VIII° siècle).

B. — Vue générale du temple de Kailâsanâtha (VIII° siècle .

A. — Sculptures dans le temple de Kailāsanātha à Kañchipuram. Au fond : Siva dansant (VIIIe siècle)

B.     Sculptures dans le temple de Kailāsanātha à Kañchipuram.
Le bas-relief représente Siva mendiant dans la forêt de Taruka

1° A la base nous trouvons un lion cabré. Nous avons dit que les lions à la base des piliers sont nombreux dans le style des « rathas », mais ces lions ne sont jamais cabrés, et ne se trouvent jamais à la base d'un pilier d'angle. Au contraire, dans le « Shore Temple » et à Kañchîpuram les lions cabrés sont innombrables. En outre bien souvent ces lions portent des cavaliers comme dans la figure 41.

Fig. 41. — Pilier d'angle dans le Temple de Kaïlasanâtha à Kâñchîpuram.

Ces lions n'ont pas l'élégance de ceux que nous trouverons dans l'art de Bijanagar et de Madura, ils sont lourds et massifs. Il semble que les lions cabrés furent une mode passagère dans l'art Pallava au commencement du viiie siècle.

2° Le chapiteau possède un tailloir (palagaï). Nulle part dans l'architecture de Kâñchîpuram on ne trouve de chapiteaux sans palagaï. Or, dans les rathas de Mavalipuram le palagaï manque très souvent ; sur le Dharmaraja ratha aucun chapiteau n'en est pourvu.

3° Enfin le corbeau est orné d'un bandeau qui relie les

copeaux (1). A Kâñchîpuram il n'y a pas un seul corbeau dépourvu de bandeau.

Ici toutefois il importe de faire une remarque : le temple de Kaïlâsanatha a été recouvert d'un badigeon de chaux, de telle sorte que dans beaucoup d'endroits les copeaux, le bandeau, tout a disparu sous la couche de ciment. Mais toutes les fois que la pierre est mise à nu à cet endroit, on voit apparaître les copeaux réunis par le bandeau. D'ailleurs il suffit en n'importe quel corbeau de casser la couche de chaux pour faire apparaître le bandeau.

Au contraire, si on examine les innombrables corbeaux qui sont placés au-dessus des pilastres engagés dans la pierre des rathas, de Mavalipuram on remarque que nulle part on ne voit de bandeau : les copeaux sont libres.

A Mavalipuram ce n'est qu'exceptionnellement, comme nous l'avons dit précédemment, lorsque le pilier ne supporte pas réellement une voûte et que le corbeau a des dimensions assez considérables, que, pour rompre la monotonie des copeaux, on les a réunis par un bandeau.

La figure 42 montre la base (oupapitam) généralement employée à Kâñchîpuram, et au-dessus, une niche ornée dans le syle du temps.

Ce qui caractérise la base ce sont des petits nains (Gandharvas) s'amusant dans une frise. Ces frises ornées de nains qui jouent ne se rencontrent nulle part dans les rathas de Mavalipuram. Au contraire, on en voit partout à Kâñchîpuram.

Si on compare la figure 42 avec la figure 40-A, on verra la différence dans l'ornementation des niches.

(1) Rappelons ici qu'en étudiant le style de Mavalipuram nous avons appelé « copeaux » des sortes de rouleaux imitant des copeaux de bois.

Ce « tirouatchi » des rathas des Sept-Pagodes est toujours brisé, ce qu'on ne trouve nulle part à Kâñchîpuram. Ici l'ornement est généralement arqué, et au-dessous se trouve un petit personnage assis.

Le temple de Kaïlâsanâtha est entouré d'une série de petits temples auxquels les archéologues (M. Burgess, M. Rea) ont donné le nom de rathas (fig. A, Pl. XXIV).

Fig. 42. — Niche (dévagosta) dans le temple de Kaïlâsanatha à Kâñchîpuram.

Il faut avouer cependant que ces rathas sont d'un style bien différent de ceux de Mavalipuram.

La principale différence consiste en ce que les étages sont dépourvus d'attique. Bien qu'il y ait en général deux étages, on ne voit aucun pancharam. Aussi le petit dôme qui couronne l'édifice est-il isolé et présente l'aspect d'un champignon.

Nous avons dit que, dans les rathas de Mavalipuram, la partie supérieure des « coudous » était ornée de ce que nous avons appelé le « fer de pelle », et nous avons remarqué que nulle part on ne voyait à cet endroit une tête de lion. C'est toujours une sorte de feuillage (carouckou), qui est sculptée sur ce « fer de pelle ».

A Kâñchîpuram, le « fer de pelle » subsiste, mais il est à remarquer ce fait capital que sur cet ornement est dessinée une tête de lion (fig. B, Pl. XXIV). C'est, il est vrai, une sculpture en très bas-relief, et, à cause de l'usure de la pierre, il faut une certaine attention pour distinguer la forme de la tête de lion. Mais cette tête, qui n'est qu'ébauchée sur les « fers de pelle » de Kâñchî, c'est en ronde bosse qu'elle apparaîtra plus tard dans l'art dravidien, d'où le nom de « simha mougam » donné à cet ornement.

L'aspect général des temples de Kâñchîpuram (fig. A et B, Pl. XXV) ne ressemble guère à celui du Dharmaraja ratha, celui-ci étant bien moins élancé.

Les figures A et B, Pl. XXVI, représentent certaines parties du temple de Kaïlàsanatha. Il est regrettable que ce temple qui est en grès, soit en certains endroits très délabré. En outre l'affreuse couche de chaux dont les sculptures sont recouvertes, cache presque complètement les plus belles choses, et l'Archeological Survey de Madras aurait peut-être mieux fait de dégager les bas-reliefs de tout ce plâtras, plutôt que de faire imprimer des dessins (*Pallava architecture*) qui les reproduisent dans toute leur laideur.

Quoi qu'il en soit, il est certain que les artistes de Kâñchîpuram ont trop multiplié les ornements. C'est une profusion de Dieux et de génies qui apparaissent au milieu de lions qui se cabrent ; les rathas et les caves des Sept-Pagodes sont sculptés dans un goût bien plus sobre.


En résumé, il y a des différences considérables entre le

A.  — La cave des lions à Sàluvankuppam
(Deux miles au Nord de Mavalipuram)

B. — La cave des lions vue de face (VIIIe siècle)

A.   Face nord du temple de Bahour (IX᷎ siècle).

B.   Face sud du temple de Bahour (IX᷎ siècle).

style des « rathas » de Mavalipuram et le style des temples
Kaïlâsanâtha, Vaïkuntha Pérumal, etc. à Kâñchipuram. Ces
deux groupes de monuments appartiennent au style Pallava ;
mais tandis que les « rathas » représentent le style Pallava de
la première moitié du vii° siècle, les temples de Kâñchîpuram
représentent le style qui florissait dans la première moitié
du viii° siècle.

Le « Shore temple » de Mavalipuram se rattache au style
de Kâñchipuram, ce qui prouve bien que ce dernier style
n'était pas localisé à Kâñchi, mais qu'il a existé aussi à Mavalipuram.

A trois milles environ au nord des Sept-Pagodes, au bord du
rivage de la mer, non loin d'un petit village appelé Sâluvan-
kuppan se trouvent des rochers sculptés qui datent probablement du viii° siècle et qui appartiennent au style de Kâñchîpuram.

Les figures A et B, Pl. XXVII, représentent l'intéressante
cave du Tigre (Tiger rock), appellation inexacte puisque ce
sont des têtes de lions (simhas) qui en décorent la façade.
On remarquera qu'il y a deux côtés de l'entrée de la cave des
lions cabrés selon la mode de Kâñchîpuram. D'ailleurs la
petite cave (1) qui est à côté porte des inscriptions identiques
à celles du Temple de Kaïlâsanâtha (2).

### § 3. — Bahour.

Selon les principes mêmes de l'évolution de l'architecture,

(1) Temple d'Atiranachandesvara.
(2) Hultzsch, *South Indian Inscriptions*, vol. I, p. 6.

il n'y a pas un style Pallava unique, mais autant de styles qu'il y a d'époques.

Nous avons essayé de caractériser les styles du commencement du vii^e siècle et du commencement du viii^e. Nous allons étudier le style Pallava du commencement du ix^e siècle.

La puissance des Pallavas déclina beaucoup après que Nandivarman eut été vaincu par les Châlukyas en 740 ; et au commencement du ix^e siècle les princes pallavas subirent la domination des Rashtrakutas.

Une petite pagode de village portant des inscriptions des Rashtrakutas (1), nous servira de type de l'architecture de cette époque. C'est la pagode de Bahour (2), village situé en territoire français, entre Pondichéry et Cuddalore.

Les figures A et B, Pl. XXVIII, représentent les faces nord et sud du vimâna qui seul est intéressant.

Ce qui fait l'importance de ce temple, c'est que son style peut servir d'intermédiaire entre celui de l'époque Pallava et celui de l'époque Chola. En outre les murs sont couverts d'inscriptions qui ne laissent aucun doute sur l'époque de la construction de l'édifice.

La figure 43 représente les motifs les plus remarquables.

Le pilier (fig. 43-A) par la largeur du tailloir, se rapproche du style Chola. Mais le corbeau est nettement de style Pallava. Il ressemble beaucoup à celui de la cave de Trichinopoly que nous avons représenté figure B, Pl. XXIII : son profil n'est pas courbe comme celui des corbeaux de Mavalipuram, mais coupé en biseau, forme rare à l'époque Pallava et qui est

1) Madras district Gazetteers South Arcot by Francis, 1906 ; chapitre : Pondichéry).

(2) A la fin de l'époque Pallava, Bahour était une ville de quelque importance.

Des plaques de cuivre couvertes d'inscriptions dont on trouvera le texte et la traduction dans la Grammaire de langue tamoule de M. Vinson, ont été découvertes près de la pagode par M. J. Delafon ; ces documents permettent d'avoir la certitude que Bahour était un centre intellectuel, il y a plus de douze siècles.

un acheminement vers la forme de l'époque Choḷa. On y voit
le bandeau et les copeaux.

Le coudou (fig. 43-B) a encore une tête de guerrier, mais

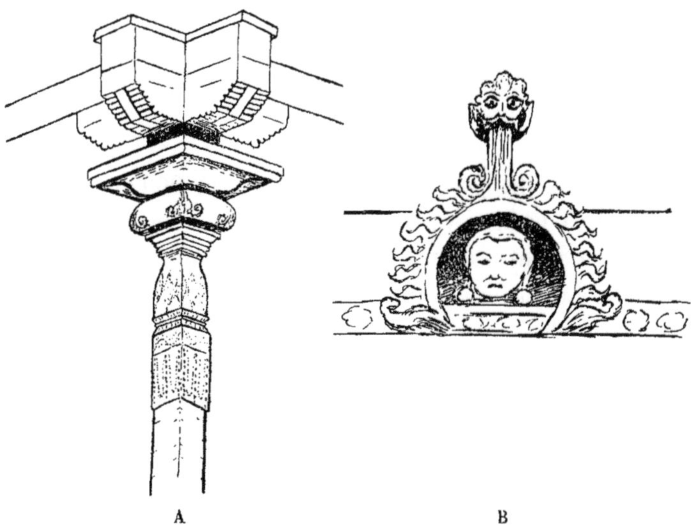

A                                   B

FIG. 43. — A. Pilastre d'angle à Bahour.
B. Coudou à Bahour.

la partie supérieure n'est pas en « fer de pelle » elle représente
nettement une tête de lion, et de la gueule du siṁha sort un
ornement en forme de fleur ou de flamme (coḍi, qui signifie
en tamoul rameau, liane).

# CHAPITRE II



## LE STYLE CHOLA (850 à 1100).

Nous avons dit précédemment que vers 900 après J.-C. le roi Aditya Chola avait conquis le royaume des Pallavas.

Son fils Paràntaka Ier (907-949) s'empara de Madura, capitale des Pàndyas et envahit Ceylan.

Après quelques règnes assez troublés, Ràjaràja Ier monta sur le trône (985). Ce grand roi étendit la domination des Cholas sur tout le Sud de l'Inde, d'une part en faisant la conquête de Ceylan, d'autre part en luttant victorieusement contre les Chàlukyas,

C'est sous son règne que fut construit le temple de Tanjore dont les inscriptions commémorent les victoires de Ràjarâja.

Ràjendra Ier son fils, qui lui succéda en 1018, poussa si loin ses conquêtes qu'il arriva, en contournant le golfe du Bengale, jusqu'en Birmanie où il s'empara du royaume de Pegu (1025-1027).

Les victoires qu'il remporta sur les bords du Gange lui méritèrent le titre de Gangaï-Konda ; et la nouvelle capitale qu'il fonda reçut le nom de Gangaïkondapuram.

Après la mort de Ràjendra Ier (1033), le royaume des Cholas conserva quelque temps sa suprématie : un de ses successeurs, Ràjendra II (1070-1118) fit la conquête du Kalinga.

C'est à cette époque que vivait le grand philosophe Ràmànuja.

A partir de Vikrama Chola (1118-1135) la puissance des Cholas commença à décliner au point que vers 1150 le royaume devint tributaire des Pàndyas.

### § 1. — Srinivasanalur.

Le vimâna du grand temple de Tanjore qui date de l'an mille représente, à notre avis, le type le plus parfait du style Chola. Toutefois, avant de caractériser ce style, il importe d'en connaître les origines. La pagode de Bahour dont nous venons de parler, qui représente le style de la fin de l'époque Pallava, date du commencement du IXᵉ siècle, et le temple de Tanjore date du commencement du XIᵉ siècle. Pendant cet intervalle de deux siècles, on a construit des monuments dont le style est intermédiaire, et que nous allons essayer de définir.

Nous prendrons comme exemple de l'art au commencement du Xᵉ siècle le Temple de Koranganàtha à Srìnivasanalur (district de Trichinopoly, Musiri Taluk).

Ce temple est très peu connu ; on ne le trouve cité que dans l'ouvrage : *Archeological Survey of India. Annual report*, 1908-1909, Plate VIII. Il est cependant extrêmement remarquable, non seulement par son style et par des inscriptions très nombreuses, mais encore par la perfection des sculptures dont il est orné.

Les figures A et B, Pl. XXIX et A, Pl. XXX, montrent ce temple qui représente le style dravidien à l'époque du roi Chola Paràntaka Iᵉʳ (907 à 949).

C'est surtout par la forme du corbeau que le style de ce temple se rapproche du style Pallava. On remarquera ce fait en comparant les figures 43 et A, Pl. XXIX : les corbeaux du temple de Srìnivasanalur sont cependant dépourvus des copeaux et du bandeau. Les chapiteaux de Bahour et de Srì-nivasanalur sont à peu près identiques, mais dans ce dernier temple, l'abaque a déjà la largeur qui caractérise l'époque Chola.

La base du temple de Srìnivasanalur est dépourvue de cabodam, mais en cet endroit on voit des simhas déjà presque aussi proéminents que ceux du temple de Tanjore.

Enfin dans les figures B, Pl.XXIX et A, Pl. XXX, on remarquera l'ornementation des niches : le tirouatchi, très orné, est intermédiaire entre celui que nous avons décrit à Kâñchîpuram (fig. 42) et celui que nous trouverons à Tanjore.

### § 2. — Tanjore.

Depuis les travaux de M. Hultzsch (1), il n'est plus possible de douter que le vimâna du grand temple de Tanjore (2) ait été construit par Râjarâjadeva Chola, qui régna de 985 à 1018.

La base est en effet couverte d'inscriptions en vieux tamoul, qui établissent que cette partie de la pagode date approximativement de l'an mille.

C'est certainement aussi à cette époque qu'ont été édifiés les deux gopurams, ainsi qu'un petit sanctuaire situé à côté et au nord du vimâna.

Par contre, le temple de Soubramaniar date du xviii⁰ siècle, et le pavillon qui abrite le grand Nandi date du xviie siècle. Nous ferons donc abstraction de ces deux édifices dans les considérations que nous ferons.

Il est incontestable que c'est avec les grands temples Cholas (Tanjore, Gangaïkondapuram) que l'architecture dravidienne atteint son apogée.

Les Pallavas avaient excellé dans la sculpture. Les Cholas furent surtout des architectes. Leur style se distingue par la simplicité et la grandeur.

Par une heureuse disposition des constructions, par une savante gradation des effets, par l'unité de la composition, par la majestueuse simplicité du plan, Tanjore est bien au-

(1) *South Indian Inscriptions*, vol. 11, p. 8 à 68.
(2) Dédié à Siva sous l'épithète de Brihatîsvara.

trement grandiose que les temples mal ordonnés où l'on se perd au milieu des tours, des enceintes et des colonnades.

A l'époque Chola, comme nous l'avons dit, la partie du temple devant laquelle toutes les autres parties s'effacent c'est le vimâna, c'est-à-dire l'édifice au milieu duquel se trouve le sanctuaire. Ce vimâna, complètement dégagé au milieu d'une cour immense, est une pyramide quadrangulaire qui abrite un énorme Lingam.

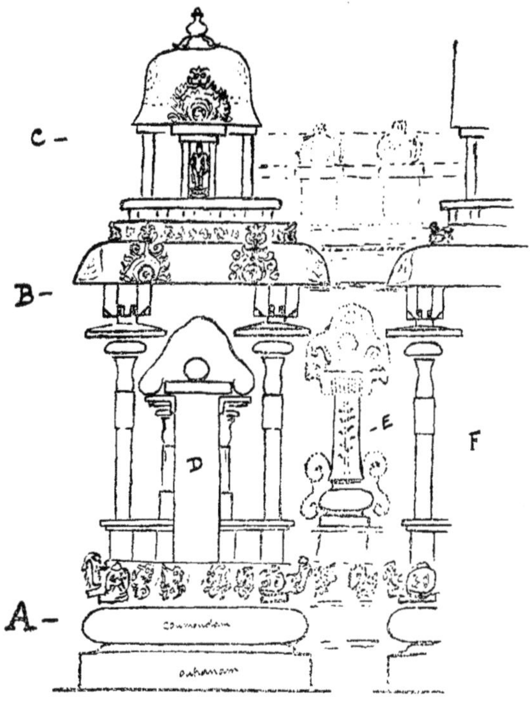

FIG. 44. — Ordre dravidien à Tanjore.

A Tanjore, cette pyramide paraît très grande, car les treize étages de petits pavillons dont elle est formée exagèrent la perspective. En réalité le dôme (1) qui la couronne n'est qu'à une hauteur de soixante et un mètres.

(1) Qu'on dit être monolithe.

L'aspect général du temple de Tanjore (Pl. XXXI) est bien connu.

La figure B, Pl. XXX, représente une partie du grand vimâna dont nous essaierons de définir le style.

La figure 44 montre la disposition des motifs les plus intéressants.

A. — Le piédestal (oubapitam) (fig. A, Pl. XXXII) est composé de trois parties :

1° A la partie inférieure, un bandeau (oupanam) qui est couvert d'inscriptions.  .

2° Un tore (coumoudam). Ces deux moulures n'ont rien de spécial à l'art Choḷa, mais les parties appelées candam et cabôdam n'existent pas car immédiatement au-dessus du « coumoudam » se trouve,

3° Le varimânam, série de têtes de simhas de dimensions tout à fait anormales dans l'art dravidien.

L'exagération de la taille de simhas semble être un des caractères distinctifs de la période Choḷa. Mode provisoire d'ailleurs, car aux époques postérieures la base reprendra la forme habituelle.

En augmentant la grosseur des simhas, les sculpteurs ont donc supprimé les moulures appelées candam et cabodam (voir fig. 22, A). qui sont aux autres époques des parties essentielles du piédestal dans l'art dravidien.

Ces lions (simhas) portent des cavaliers et semblent sortir de la pierre en se cabrant.

Les simhas de l'époque Pallava avaient la crinière entièrement bouclée. Les lions de Tanjore ont une crinière qui tombe autour de la tête. presque lisse, et qui n'est frisée qu'à son extrémité, formant ainsi un collier de boucles. C'est cette dernière forme qui a subsisté jusqu'à nos jours. Depuis le xie siècle la crinière des simhas ressemble à une collerette plissée comme une fraise.

Aux extrémités de la frise, les têtes de lions sont rempla-

A. — Temple de Koranganàtha à Srinivasanalur (Xe siècle).

B. — Temple de Koranganàtha (la niche contient l'image de Brahmà, Xe siècle)

A. — Temple de Koranganatha à Srinivasanalur
(La niche contient une statue de Dakshnamourti. Xe siècle)

B. — Vue générale de la base du grand vimana de Tanjore (XIe siècle)

cées par des têtes de makaras, dont la gueule démesurément ouverte vomit des guerriers armés.

B. — Le chapiteau, le corbeau et le larmier sont représentés sur une plus grande échelle dans la figure 45.

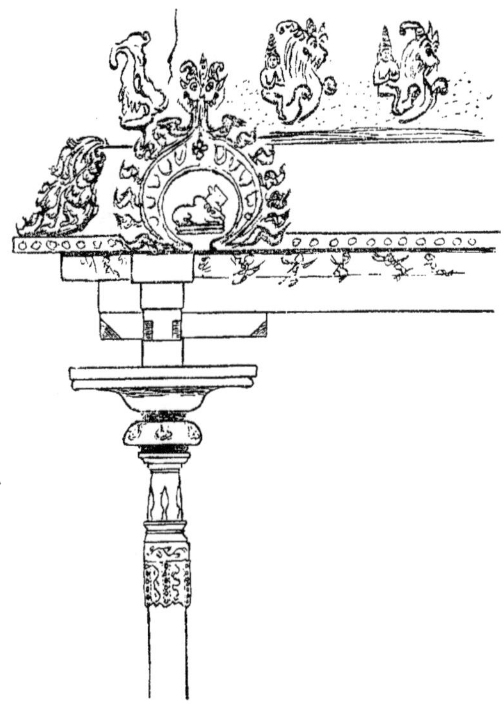

Fig. 45. — Chapiteau et entablement à Tanjore.

Le chapiteau est bulbeux ; toutefois il semble que dès le VIII^e siècle (Bahour) le bulbe est considéré comme une sorte de larmier (cabodam), car il est orné de « codicarouc-kou » disposés de la même façon.

Mais le caractère essentiel du chapiteau Chola, c'est la largeur de la tablette de l'abaque (palagaï). Le tailloir a une largeur égale à plus de trois fois la largeur du fût.

La forme du corbeau est surtout très remarquable. Nous avons vu que dans les temples Pallavas de Mavalipuram et de Kâñchîpuram, le profil du corbeau était courbe. A Bahour (fig. 43, A) et à Srînivasanalur (fig. A et B, Pl. XXIX), l'arrasement n'est plus courbe ; on a simplement un onglet.

La figure 46 montre sous des angles différents le corbeau de l'époque Chola.

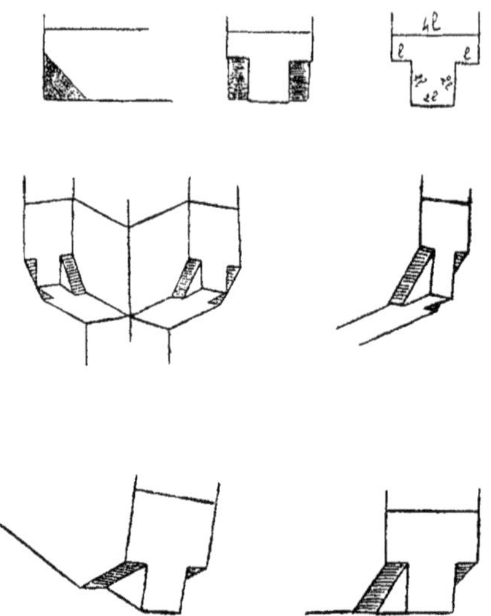

FIG. 46. — Corbeau dravidien à Tanjore.

Si on le compare avec le corbeau de Srînivasanalur, on voit que le sculpteur de Tanjore n'a pas biseauté complètement l'angle de la pierre en formant l'onglet ; il a laissé au milieu une saillie triangulaire. La forme du corbeau rappelle donc une poutre de bois, à l'extrémité de laquelle un charpentier aurait taillé deux onglets pour former un tenon à embrèvement triangulaire au milieu de l'épaulement. Ce petit pendentif que nous voyons apparaître pour la première fois dans l'art dravidien au xi⁰ siècle, subira dans la suite des transformations considérables et extrêmement intéressantes au point de vue de l'histoire de l'art.

Le larmier (cabodam) est orné de coudous dont l'un d'eux est représenté figure 45. La partie centrale forme un cercle qui est tangent au bord du larmier. On n'y voit plus la tête du gandharva de l'époque Pallava.

Le sommet du coudou n'a plus la forme de « fer de pelle »,
il représente une tête de lion en haut-relief, selon l'habitude
prise définitivement depuis le ix^e siècle, et cette partie supérieure du coudou mérite bien désormais le nom de « simha-
mougam ».

C. — Les figures 44 c et 28, montrent l'aspect des petits
pavillons (pancharam) qui forment l'attique. La balustrade
que nous avons remarquée dans les pancharams des Sept-
Pagodes (fig. 38) se trouve ici complètement atrophiée.

Un fait extrêmement caractéristique, c'est que pas un seul
des pancharams qui ornent la pyramide de Tanjore n'est
surélevé à l'aide du « carnacôdou » ; et nous verrons qu'à
partir de l'époque de Bijanagar on ne rencontre aucun pancharam qui soit dépourvu de « carnacôdou ».

En d'autres termes, les gopurams de Bijanagar et de Madura sont formés d'étages ; chaque étage est orné d'une
rangée de petits pavillons, et chacun de ces petits pavillons
pancharams) est composé d'un rez-de-chaussée (carnacôdou) et d'un petit étage, alors que les pancharams du vimâna
de Tanjore ne sont pas composés d'un rez-de-chaussée et
d'un étage, mais ils sont simples comme ceux de Mavalipuram.

D. — Les niches (fig. 47) (en tamoul moderne : dévagosta).

A l'époque Pallava l'intérieur des niches contenait des
bas-reliefs. Dans l'architecture Chola, ce ne sont plus à
proprement parler des bas-reliefs, mais de véritables statues
en ronde bosse. A Tanjore ces statues pour la plupart représentent Siva sous toutes ses formes.

Des deux côtés de la niche se trouvent deux pilastres à
chapiteau bulbeux, qui se distinguent des autres pilastres
parce que leur section n'est pas carrée, mais polygonale.

Au-dessus de l'architrave se trouve un tirouatchi dont la
forme commence à se rapprocher de celle du coudou. Nous
verrons que la transformation sera complète à l'époque sui-

vante. La figure 47 montre les détails de l'ornementation. Le
centre est circulaire comme celui des coudous, mais les makaras ont une queue pendante, comme à l'époque Pallava,
particularité qui disparaîtra aux époques postérieures.

Fig. 47. — Décoration de l'encadrement d'une niche (dévagosta) à Tanjore.

Il nous reste à parler d'un motif d'ornementation qui, sem-
ble-t-il, fait son apparition à l'époque Chola. Il n'existe dans
aucun monument Pallava et il subsistera jusqu'à nos jours
en se modifiant.

Dans la figure 44, ce motif est indiqué par la lettre E.

La partie du monument qui supporte chacun des pavillons
de l'attique est toujours proéminente, par rapport aux parties du monument qui ne correspondent pas à un pancharam,
et qui se trouvent en retrait.

Dans la figure 44, les parties que nous avons décrites en
A, B. D. et qui supportent le pancharam C, se trouvent en
relief. Il en est de même de la partie que nous avons représentée par la lettre F.

Vue générale du grand vimâna de Tanjore (XI<sup>e</sup> siècle)

A. — Base à Tanjore (XIe siècle).

B. — Tanjore : base du vimana (XIe siècle).

Entre ces deux parties, la partie E se trouve en retrait.
C'est elle qui est décorée par le motif en question (fig. B,
Pl. XXXII).

Fig. 48. — « Pilastre décoratif » à Tanjore (xᵉ siècle).

On croirait un tronc d'arbre carré, sortant d'un vase
(fig. 48). Ce pilier supporte un ornement, sorte de médaillon
dont l'aspect général rappelle celui du tirouatchi que nous
avons décrit plus haut. On distingue des chevaux cabrés qui
supportent des têtes de makaras surmontées d'un fleuron
orné de flammes et d'arabesques.

Nous donnerons à ce motif le nom de « pilastre décoratif »
de Tanjore.

Depuis le xᵉ siècle jusqu'à nos jours ce « pilastre décoratif »
n'a pas disparu mais il s'est transformé. Le motif qui lui
correspond dans l'art moderne porte le nom de Coumba-
pancharam. L'étymologie de ce mot est facile à comprendre :
c'est un pilastre dont la base est ornée de la moulure appelée « coumbam » et qui supporte un petit pavillon « pancharam ».

On comprend dès lors que nous ne puissions donner le

nom de « coumba-pancharam » au « pilastre décoratif » de Tanjore, car si le motif en forme de vase est effectivement un « coumbam », ce pilastre ne supporte pas comme de nos jours un petit pavillon, et le mot « pancharam » ne correspondrait à rien.

C'est au xive siècle que le « pilastre décoratif » méritera le nom de « coumba-pancharam » lorsque l'ornement qui le surmontait à Tanjore sera définitivement remplacé par un pancharam.

Les motifs que nous avons décrits séparément forment un ensemble très harmonieux. Par la sobriété de l'ornementation, la simplicité du style, la beauté de l'ordonnance, le temple du Tanjore, plus qu'aucun autre monument, fait honneur à l'architecture dravidienne.

Lorsque nous avons décrit le style de Tanjore, ce n'est pas la description particulière d'un monument isolé que nous avons faite. Le temple de Tanjore n'est qu'un exemple. Il existe un très grand nombre de monuments datant de la même époque et qui sont absolument du même style.

Nous citerons, par exemple, le temple de Gangaïkoṇḍapuram, qui est presque la copie exacte de celui de Tanjore, mais qui ne le dépasse pas en beauté. Nous avons dit que Gangaikoṇḍapuram fut fondée vers 1025 par Râjendra Choḷa devra, fils et successeur de Râjarâja. La ville est située à 20 miles au sud-ouest de Chidambaram.

La figure B, Pl. XLIII du tome II de cet ouvrage, est l'image d'un des plus beaux bas-reliefs du temple de Gangaïkoṇḍapuram et représente Siva couronnant le roi Râjendra Choladéva Ier.

CHAPITRE III

**LE STYLE PANDYA** (de 1100 à 1350).

Le royaume des Pàṇḍyas (qui occupait le pays formant
aujourd'hui les districts de Madura et Tinnevelly) était resté
sous la domination des Choḷas pendant les xe et xie siècles.

Vers 1175, deux princes Pàṇḍyas se disputèrent le trône
de Madura ; le roi de Ceylan Parâkrama-Bàhu en profita
pour faire envahir le Sud de l'Inde par ses armées ; mais
celles-ci furent repoussées.

Il semble qu'au xiiie siècle les Pàṇḍyas établirent leur domination sur tout le pays tamoul, car ce sont des princes
Pàṇḍyas qui sont cités dans les inscriptions de cette époque.

De 1250 à 1260, le roi Jatâvarman Sundara Pàṇḍya fit
construire de nombreux édifices dans les temples de Jam-
bukêswara et de Srîrangam à Trichinopoly, et le gopuram
de l'est à Chidambaram.

De 1311 à 1319, les Musulmans envahirent les royaumes
du Sud de l'Inde sous la conduite de Malik Kafur et Malik
Khusru et s'avancèrent jusqu'à Madura.

Dès lors la puissance des Pàṇḍyas fut très ébranlée et, à la
fin du xive siècle, les princes Pàṇḍyas devinrent tributaires
des rois de Bijanagar.


La partie de l'histoire de l'architecture que nous allons
étudier à présent est certainement la plus intéressante pour

deux raisons : d'abord. parce qu'elle est restée jusqu'à présent absolument inconnue ; en second lieu, parce que c'est elle qui nous donnera la preuve de la continuité des styles et nous permettra de poser les bases de la théorie de l'évolution des espèces architecturales.

Une observation même très superficielle suffit pour distinguer le style Pallava du style Chola. Il n'est pas difficile non plus de remarquer que les monuments de Bijanagar et de Madura appartiennent à des styles différents de ceux de l'art de Tanjore et de Mavalipuram.

Nous montrerons qu'il existe un grand nombre de monuments (par exemple le gopuram de l'est à Chidambaram et le « Sundara Pàṇḍya Gopuram » à Jambukeçvara (1) qui appartiennent à un style très défini, très distinct à la fois du style Chola et du style de Bijanagar.

Nous dirons qu'ils appartiennent au style Pàṇḍya.

Nous avons fait choix de ce nom parce que beaucoup d'édifices appartenant à ce style sont attribués à Sundara Pàṇḍya qui régna vers 1250.

Il semble qu'à cette époque il y ait eu une renaissance de la puissance des Pàṇḍyas.

« For a century after Rajaraja I, the Cholas maintained the commanding position he had gained for his dynasty, but from the time of Vikrama Chola (1118-1135) their power gradually waned, and after this, the rise of Ballàlas in Mysore, and the revival of the Pàndyas in the south, seem to have checked them to such an extent that they never regained their previus position » (Fergusson et Burgess. *History of Indian Architecture*, vol. I, p. 307).

« For a time the Pàndyas in the south reasserted themselves and gained the upper hand » (Vincent A. Smith, *The early history of India*, 1908, p. 442).

_______

(1) On pourrait citer encore par exemple : le temple n° 1 à Polonnaruwa (Photo. A. 248, A. S., *Ceylan*. Sewell, *Fine art in India*, p. 51) ; le temple de Darasuram (Sewell, *Fine art in India*, p. 227), etc.

On lit dans l'ouvrage : *History of India*, by A. F. Rudolf
Hoernle and Herbert A. Stark, ch. VIII, p. 82, au sujet du
royaume des Chôḷas : « About 1150, A. D. it lost the tribu-
tary Kingdom of the Pandyas... »

Et, page 83 : « The Pandya Kingdom ». « About 1250 A.
D. it appears to have regained some degree of independence
under a King named Sundara ; but soon afterwards, in
1311 A. D., it shared in the general eclipse of the South Indian, states, consequent on Malik Kafur's military expedi-
tions. »

Et de fait, les inscriptions qui datent du xiii$^e$ siècle mentionnent fréquemment le nom de Sundara Paṇḍya (1).

Nous appellerons donc période Pàṇḍya la partie de l'histoire de l'art qui s'étend de 1100 à 1350.

Ces dates suffisent pour montrer l'importance de ce style.
C'est à cette époque en effet que l'architecture dravidienne
aurait pu subir successivement deux influences étrangères.

Dans le Mysore les Hoysala Ballàlas construisaient les
temples de Belur et Halebid ; et la magnificence de cette architecture aurait pu inspirer les ouvriers du pays dravidien
qui se trouvait en partie sous la domination des Hoysalas.

De 1311 à 1339 eut lieu la conquête musulmane et le Sud
de l'Inde passa momentanément sous la domination des
peuples du Nord de l'Inde.

Aussi lit-on dans l'ouvrage *History of Indian Architecture*,
de MM. Fergusson et Burgess (vol. I, p. 396, édition de
1910) :

« The traditions of the place assign the erection of the
Vellor Mantapam variously to the year 1350, and according
to other accunts to about 1485.

(1) Après 1350, ce sont les rois de Bijanagar qui inscrivent leur nom
sur les temples (par exemple en 1371 le roi Kampana Udaiyar de Bijanagar répare le temple de Srirangam`.

« The bracket shafts (woodcut, n° 233) are similar but even more elegant than those in Parvati's porch at Chidambaram ; but they are some of them at least attached to the pier by very elegant open work such as is formed in Pratâpa Rudra's temple at Worangal (Woodart, n° 252) or in the window's Halebîd. As both these examples are earlier than 1300, it might seen that this one was so also. »

Ainsi non seulement M. Burgess ne doute pas que les sculpteurs du temple dravidien de Vellore se soient inspirés de l'art Châlukya de Worangal et d'Halebid, mais encore il se sert des temples Châlukyas pour dater un monument dravidien.

Certes, le style de Bijanagar diffère considérablement du style Chola, mais ces différences ne proviennent pas d'influences étrangères. La raison en est que le temple de Tanjore date de l'an mille et que les monuments de Bijanagar datent du xvi° siècle. Il y a plus de cinq cents ans d'intervalle entre le vimâna de Tanjore et les maṇḍapam du temple de Vital-Râja à Bijanagar, et pendant ces cinq cents ans l'art a évolué. Entre le style Chola et le style de Bijanagar il y a un style intermédiaire, celui que nous avons appelé le style Pâṇḍya et que nous allons étudier à présent. Nous verrons que tous les motifs d'ornementation nouveaux étaient en germes dans le style Chola. C'est à l'époque Pâṇḍya que ces germes se sont développés.

§ 1. — Petit gopuram à Jambukêçvara
(Ile de Srirangam).

Les monuments appartenant au style Paṇḍya ne sont pas rares : comme nous l'avons dit, ce sont surtout des gopurams.

Le temple de Jambukeçvara, qui est situé dans l'île de Srirangam, non loin de Trichinopoly, est formé de quatre enceintes principales ornées de gopurams qui datent presque tous de l'époque Pâṇḍya.

L'un d'entre eux est représenté dans les figures A et B,
Pl. XXXIII. C'est un petit gopuram situé sur la partie occidentale de la seconde enceinte datée de 1251, ainsi que le
prouve une inscription (1).

Son style est à peu près intermédiaire entre le style Chola
et le style Paṇḍya : par le tailloir (palagaï) large et dépourvu
de dents de scie, par la simplicité de l'ornementation, il se
rapproche du style de Tanjore. Mais les siṁhas sont peu
proéminents et surtout le corbeau présente une particularité

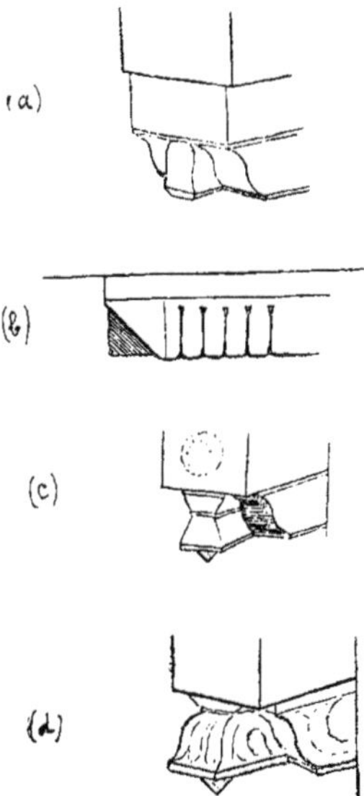

Fig. 49. — Corbeau dravidien à l'époque Pandya.

remarquable ; sa forme générale est encore celle du corbeau
Chola (fig. 46), mais l'onglet, ainsi que la partie en saillie,
ayant la forme d'un tenon triangulaire, ne sont plus formés
de lignes droites et de surfaces planes. Le sculpteur a cru
devoir enjoliver le corbeau en remplaçant les plans par des
surfaces courbes : le pendentif n'est plus en forme d'équerre :
l'onglet est remplacé par une doucine (fig. 49, a).

(1) *Indian Antiquary*, vol. XXI, p. 121 et vol. XXII, p. 221. Le gopuram est assurément antérieur à 1250.

### § 2. — « Sundara Pàndya » gopuram à Chidambaram (1)

Le gopuram de l'est du temple de Chidambaram est un des plus beaux exemples de l'architecture de l'époque Pandya. La date de son érection n'est pas douteuse puisqu'il porte une inscription de Sundara Pàndya. Il est d'un style très pur, qui est celui d'un grand nombre de monuments de cette époque.

Il a sept étages (fig. A, Pl. XXXIV). Chaque étage étant formé de petits pavillons.

Nous avons dit qu'à Tanjore, aucun pancharam n'était exhaussé par le carnacoudou ; tandis qu'à partir de l'époque de Bijanagar aucun pancharam n'en est dépourvu. A Chidambaram on trouve un genre intermédiaire : le premier étage seul est formé de pancharams avec un carnacoudou ; les autres étages n'ont pas de carnacoudou et sont analogues à ceux de Tanjore.

La partie inférieure de l'édifice (fig. B, Pl. XXXIV) est formée de deux registres (étages simplement décoratifs). Le registre inférieur forme un soubassement pour le registre supérieur qui est la partie la plus importante.

Le style du gopuram de l'est à Chidambaram est en quelque sorte un style Chola très enjolivé.

Partout où il y a un bandeau (candam) il y a des métopes, où on voit de petits nains (grandharvas) analogues à ceux qui se trouvent représentés dans les temples Pallavas de Kâñchîpuram sur la partie de la base appelée oupanam. Après l'époque Pàndya, les petits grandharvas disparaissent complètement des métopes.

Le fût des pilastres (fig. 50, a). est presque toujours composé de deux parties : l'une (A) de section carrée, l'autre (B) en forme de prisme, de section octogonale. A l'endroit où ces deux parties se raccordent, on voit des petits ornements

---

(1) Le nom tamoul de Chidambaram est Sirrambalam.

A.    Petit gôpuram du temple de Jambukeçvara (XIIᵉ siècle).

B.    Petit gôpuram dans le temple de Jambukeçvara (XIIᵉ siècle).

A.    Gópuram de l'est à Chidambaram (XIII² siècle)

B.    Base du gópuram de l'est a Chidambaram (XIII² siècle)

appelés « nâgapadam », parce que leur forme rappelle des
têtes de serpents nâgas. Ce genre d'ornement qui était inconnu dans les époques antérieures subsistera désormais dans
tous les piliers dravidiens.

De tout temps, dans l'art dravidien, le tailloir des chapiteaux bulbeux comprend deux parties : une tablette carrée
(palagaï), et au-dessous une sorte de doucine rappelant la
forme du calice d'une fleur (idaje). A partir de l'époque
Pândya, les sculpteurs dessinent les pétales de cette fleur et
les extrémités pointues et rebroussées de ces pétales. De
sorte qu'on voit au-dessous de la tablette carrée (palagaï)
une série de pointes en forme de dents de scie. Ce genre
d'ornementation inconnu avant 1250, sera dans la suite toujours employé.

Il semble qu'à l'époque Pândya, les sculpteurs, ayant jugé
que le corbeau de l'époque Chola était trop simple, cherchèrent à le décorer. Ils ont imaginé deux manières : nous avons
vu comment à Jambukêsvara ils changèrent en doucines les
surfaces planes de l'onglet. A Chidambaram, ils se contentè-
rent de tracer sur le corbeau des traits verticaux (fig. 49, b).

Comme nous le verrons tout à l'heure, il existe un grand
nombre de monuments de l'époque Pândya où ces deux genres de corbeaux existent simultanément, ce qui prouve leur
synchronisme.

Le coudou à Chidambaram, comme d'ailleurs dans tous
les monuments de cette époque, affecte généralement la
forme représentée dans la fig. 50, b.

La partie centrale est circulaire et bordée d'un tore. Une
sorte de feuillage (codi) sortant de la gueule du lion (siṅha-
mougam), orne la partie supérieure du tore ; d'autres feuillages (carouckou), qui semblent noués en faisceau au bas du
tore, ornent la partie inférieure. Lorsque le coudou est de
grande dimension (fig. 50, c), il est orné de plusieurs circon-
férences concentriques entre lesquelles sont sculptés de
minuscules petits ornements.

Les niches (dévagosta) à l'intérieur desquelles se trouvent des statues en ronde bosse, ont souvent un encadrement orné d'une manière toute nouvelle (fig. A, Pl. XXXV). Au-

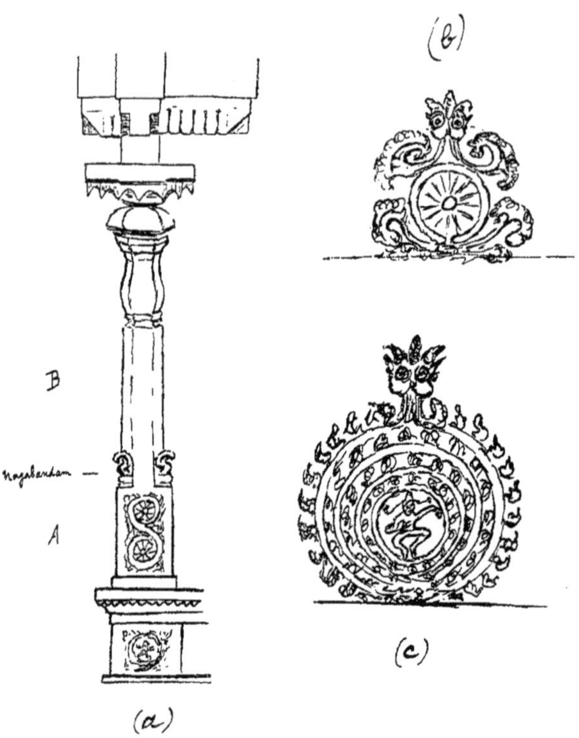



Fig. 50. — a. Pilastre de l'époque Pandya.

b et c. Coudous à Chidambaram (gopuram de l'est).

dessus de l'architrave on a représenté un petit pavillon (Pancharam) (fig. 51, a et b, Pl. XXXV). Dans les siècles suivants, ce sera désormais la règle générale pour la décoration des niches.

Le pilastre décoratif (fig 51, b) n'a plus la forme qu'il avait à Tanjore, mais ce n'est pas encore le « coumbapancharam » tel qu'il existe sur les temples postérieurs (fig. 57,a).

Le gopuram de l'est à Chidambaram est un des plus an-

A.    Gôpuram de l'est à Chidambaram (la niche contient une statue de Bitchandi) (XIII° siècle).

B.    Gôpuram de l'est à Chidambaram. Detail des sculptures. (XIII° siècle).

A. — Base d'un gôpuram à Kumbakanam (XIV⁰ siècle).

B.    Base d'un gôpuram à Tiruvannamalai (XIVe siècle)

ciens des grands gopurams du Sud de l'Inde ; c'est aussi

FIG. 51. — a. Encadrement d'une niche.

b. Pilastre décoratif.

peut-être le plus beau, par la simplicité de son style et par la
perfection des sculptures.

### § 3. — Un Gopuram à Kombakanam.

Nous avons fait cette hypothèse que les architectes de l'époque Paṇḍya employèrent le genre de corbeau des Choḷas,
mais qu'ils cherchèrent à l'embellir en le sculptant davantage.

Il existe, en effet, des monuments de l'époque Paṇḍya que
les sculpteurs ont négligé d'achever. On voit quelquefois
alors un corbeau où l'onglet est transformé en doucine et où
le petit pendentif dont nous avons parlé se trouve sculpté,
tandis qu'à côté un autre corbeau a la forme simple de l'é-
poque Choḷa.

Ainsi donc lorsque la pierre était simplement épannelée, le corbeau avait la forme simple et archaïque de l'époque Chola. Mais lorsque le sculpteur achevait de décorer le monument, il taillait le corbeau afin de l'orner davantage.

La figure A, Pl. XXXVI, montre un cas de ce genre. Nous l'avons trouvé à Kombakanam. Le principal temple de cette ville est la pagode de Sarangabani, dont le grand gopuram a été fort souvent représenté (par exemple : Fergusson et Burgess, t. I, fig. 231, p. 395). A gauche de la façade de ce gopuram se trouve un autre gopuram. Celui-ci forme l'entrée d'un second temple, compris entre le temple de Sarangabani, un étang et une rue. C'est ce gopuram dont une portion est représentée figure A, Pl. XXXVI. On y voit deux corbeaux : l'un est sculpté selon une mode du milieu de l'époque Paṇḍya (1280), l'autre, simplement épannelé, est de la forme Chola.

Plus tard, à force d'enjoliver le corbeau Chola, les sculpteurs lui donneront la forme d'une fleur, mais à la fin du treizième siècle, la partie du corbeau qui se trouve en saillie ne ressemblait encore nullement à une fleur (voir fig. 49. c).

### § 4. — Un gopuram à Tirouvannamalai (1).

Il existe à Tirouvannamalai un gopuram qui nous montrera quel était vers 1300 le genre de corbeau le plus ordinairement employé.

Lorsqu'on pénètre dans le grand temple de Siva à Tirouvannamalai (Tirnamalai) par les portes de l'est, on traverse successivement deux enceintes. A la porte du gopuram de l'est de la troisième enceinte les prêtres interdisent d'avancer davantage.

C'est sur ce gopuram dont une partie de la base est représentée figure B, Pl. XXXVI, que l'on remarque des corbeaux du genre représenté figure 49, c.

_______

(1) Ville près de Polùr appelée aussi Tirumalai.

A. — Gòpuram dans le temple de Jambukeçvara (XIV⁴ siècle).

B. — "Sundara Pāndya" gòpuram à Jambukeçvara (XIV⁴ siècle).

A. – Sculptures du "Sundara Pāndya" gopuram (XIV siecle)

B. – "Sundara Pāndya" gopuram a Jambukeçvara (XIV siecle).

La forme diffère complètement de celle de Tanjore, et cependant le pendentif n'a pas encore la forme d'une fleur de
lotus retombante.

Tout le reste du monument est dans le style Paṇḍya ; en
particulier les coudous sont identiques à ceux de Chidambaram.

§ 5. — « Sundara Pandya Gopuram » à
Jambukêçvara (île de Srîrangam).

Lorsqu'on examine la section transversale d'un tronc
d'arbre, on voit des cercles concentriques. On sait que pendant la vie de l'arbre, il s'est formé chaque année un cercle,
de telle sorte que les couches profondes ont été formées
pendant la jeunesse de l'arbre, et par conséquent les cercles
les plus voisins du centre sont les plus anciens. On peut
dire qu'il en est presque de même pour les pagodes : le sanctuaire est entouré d'enceintes successives ornées de gopurams, et en général, toute enceinte enveloppante est plus
moderne que l'enceinte enveloppée.

Dans le cours des siècles, on a ajouté une seconde enceinte
autour de la première, une troisième autour de la seconde et
ainsi de suite. Aussi lorsqu'on s'avance vers le sanctuaire,
les gopurams que l'on traverse sont ordinairement de styles
de plus en plus archaïques.

Nous avons dit que presque tous les gopurams du temple
de Jambukeçvara dans l'île de Srirangam appartenaient approximativement à l'époque Paṇḍya. Ils ne sont cependant
pas tous contemporains.

C'est généralement par les gopurams de l'est que l'on
pénètre dans ce temple (la fig. A, Pl. XXXVII représente l'un
d'entre eux).Si, contournant l'enceinte centrale on continue
à s'avancer de l'est à l'ouest, après avoir traversé le temple,
dans toute sa longueur, on arrive devant un gopuram que
les prêtres appellent le « Sundara Pàṇḍya Gopuram » (figures

A, Pl. XXXVII et A et B, Pl. XXXVIII. C'est le plus occidental.

Sa ressemblance avec le gopuram de l'est de Chidambaram est très remarquable, mais plusieurs caractères nous portent à croire que le gopuram de Jambukêçvara est plus moderne. La principale différence est la forme spéciale de certains corbeaux qui semblent indiquer la fin de l'époque Pândya (1350 environ). La figure 49 d montre ce corbeau où l'on distingue des pétales de fleurs de lotus. Cette fleur de lotus n'est cependant qu'à peine ébauchée.

D'ailleurs dans ce monument, ainsi que dans beaucoup d'autres de cette époque, ce ne sont pas tous les corbeaux qui sont ainsi ornés de pétales de fleurs, mais seulement ceux qui sont près des grandes niches ; tous les corbeaux situés aux extrémités du monument (au-dessous des pancharams carrés placés aux angles) appartiennent au genre de Chidambaram (fig. 49, b).

Ce gopuram (fig. B, Pl. XXXVIII) est très beau ; il est cependant moins simple que celui de Chidambaram.

A partir de l'époque de Bijanagar, le gopuram ne sera plus la partie la plus importante de l'édifice.

# CHAPITRE IV



En 1311 les Musulmans avaient détruit Halebîd, capitale du royaume des Hoysala Ballâlas ; en 1325 ce fut le tour de Worangal.

Toutefois, les Musulmans ne purent maintenir leur domination, et vers 1343, un prince hindou, Hari-Hara I<sup>er</sup>, réussit à chasser les envahisseurs.

Son neveu, Hari-Hara II, constitua un royaume indépendant vers 1379 et prit pour capitale la ville de Bijanagar (Vijayanagar) sur les bords de la Tungabhadrâ.

Pendant deux siècles, les rois de Bijanagar furent les maîtres du Sud de l'Inde et rendirent au pays tamoul le service d'arrêter l'invasion des Musulmans.

Un grand nombre de temples furent édifiés à cette époque et portent des inscriptions qui permettent d'établir très exactement l'histoire de ce temps (consulter à ce sujet R. Sewell : *A Forgotten Empire : Vijayanagar*, 1910).

C'est dans la première moitié du XVI<sup>e</sup> siècle, durant les règnes de Krishna Deva et d'Achyuta Râya que l'empire de Bijanagar atteint son apogée.

En 1565, les souverains musulmans de Bijàpur, d'Ahmadnagar et de Golkonde s'allièrent pour détruire Bijanagar, et l'empire s'effondra à la bataille de Talikot.

Au commencement du quinzième siècle apparaît dans l'art dravidien un nouveau genre de bâtiment qui, très rapidement, devient la partie la plus importante de la pagode : le maṇḍapam.

Il consiste en un plafond de larges dalles de granit, supporté par des piliers. Il est destiné à servir tantôt de péristyle, en avant du sanctuaire, tantôt de reposoir, où le Dieu est solennellement transporté à certaines fêtes. En réalité les brahmes de la pagode s'en servent comme d'abri et de promenoir, et cette utilisation est une des raisons du succès de ce nouveau genre d'édifices.

Le maṇḍapam du temple de Râma à Kumbakonam est sans doute un des plus anciens (fig. A, Pl. XXXIX). Les piliers manquent de légèreté. Après les tâtonnements de l'époque Paṇḍya, le corbeau a trouvé sa forme définitive. Il représente la fleur de lotus retombante, appelée bodigaï. Toutefois le bodigaï n'est pas ajouré : la fleur est encore complètement attachée au reste du corbeau (fig. 52, a).

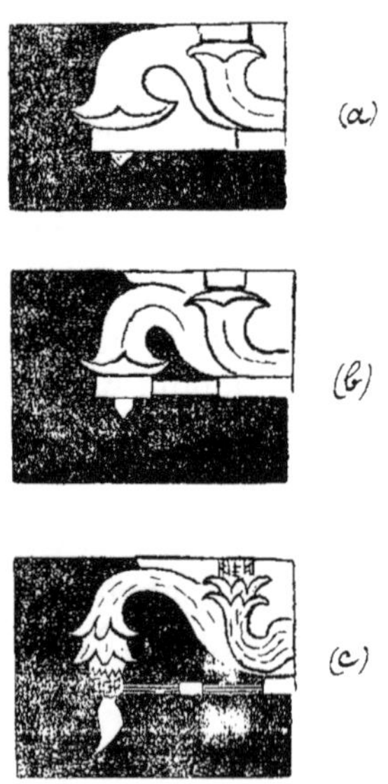


Fig. 52. — Évolution du bodigaï pendant la période de Bijanagar.

Les maṇḍapams datant de la première moitié de l'époque de Bijanagar (xvᵉ siècle) sont très nombreux.

A.    Pilier dans le temple de Râma à Kumbakanam (XV° siècle).

B.    Piliers dans le temple d'Ekambaram à Conjeeveram XV° siècle.

A.    Mandapam dans le temple de Vichnou à Conjeeveram (XVᵉ siècle).

B. — Mandapam dans le temple de Vittala-Râja à Bijanagar

La figure B, Pl. XXXIX, représente deux piliers d'un mandapam dans le grand temple d'Egambaram (Ekâmranâtha) à Conjeeveram. Le pilier de gauche est du type ordinaire des piliers à cubes si communs aux époques de Bijanagar et de Madura (fig. 53). Il est composé d'une base (assoupadam) et de trois cubes (sadouram) séparés par deux parties biseautées (cattou), prismes à huit et seize facettes. Le corbeau est du type a (fig. 52) (1).

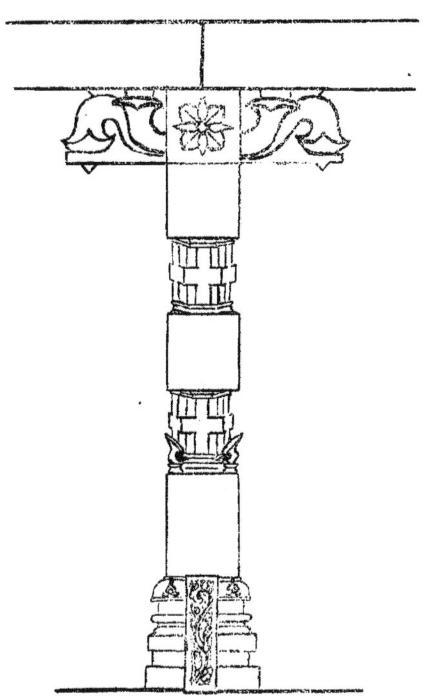

FIG. 53. — Pilier à cubes (toûnou) de l'époque de Bijanagar.

A ~~gauche~~ *droite* de la figure B, Pl. XXXIX, on voit une portion de pilier formé de petits étages superposés. Chaque étage

(1) Dans l'art dravidien on rencontre quelquefois des colonnes absolument cylindriques. Le corbeau de ces piliers indique généralement le xve siècle.

est orné de petits pavillons (pancharam). C'est après 1350 qu'apparaît ce nouveau genre de pilier (1).


Les ruines de Bijanagar se trouvent à 7 miles de Hospet, station de chemin de fer entre Gadag et Bellary.

L'emplacement de la ville, dont l'enceinte a 24 miles de

Fig. 54. — Mandapam à Bijanagar.

(1) Ce sont des piliers de ce genre qui ornent le porche du temple de Soubramaniar (Armougam) à Chidambaram qui date probablement du xv° siècle et qui est représenté dans beaucoup d'ouvrages, en particulier: Gustave Le Bon, *Les monuments de l'Inde*, fig. 188 et 189, et *History of Indian Architecture*, by Fergusson and Burgess (1910), t. I, p. 378.

A.    Entrée d'un mandapam dans le temple de Vittala-Râja à Bijanagar.

B. — Mur d'enceinte du temple de Râma à Bijanagar.

Pilier représentant un simha ("Kalyana mandapam" a Vellore «XVI» siècle).

longueur, s'étend depuis le village de Kâmalapur (où se trouve le bungalow) jusqu'aux villages d'Anagundi et de Hampi qui sont situés sur les bords de la Tounboudra (Tungabhadrà).

Les temples y sont innombrables, au milieu d'un décor féérique de rochers, de montagnes, de rivières, de forêts ; mais nous croyons nécessaire de rappeler ici que cet endroit si propre à séduire le voyageur, historien, artiste ou chasseur (car le gibier est extrêmement abondant) est aussi très malsain et qu'il serait imprudent d'y séjourner longtemps.

Le temple de Vitoba (Vitthalasvâmi) est à juste titre le monument le plus célèbre de Bijanagar à cause de ses maṇḍapams (figure B, Pl. XL et A, Pl. XLI).

Il fut probablement commencé par Krishna Deva vers 1513, continué par Achyuta Râya, 1529-1542, et ne fut jamais fini. On y trouve des inscriptions de Sadâsiva, datées de 1561 et 1564, ce qui porte à croire que les travaux furent arrêtés par la chute de l'empire en 1565 (Fergusson et Burgess, *History of Indian architecture*, p. 401. On trouvera dans le même ouvrage, p. 402, le plan du temple dû à M. Rea).

La figure 54 représente ce qu'il y a de plus essentiel dans l'architecture des maṇḍapams de cette époque ; l'ordre dravidien n'est nullement altéré.

La base (oupapitam) est très décorée : les bandeaux (a et b dans la figure 54) sont ornés de frises où sont sculptées des processions, des danses. La figure B, Pl. XLI, qui représente un mur du temple de Râma Chandra Swami, montre le genre de ces frises : les éléphants, les chevaux, les guerriers, les badayères, forment de longues suites ininterrompues.

Le pilier employé dans les maṇḍapams est le pilier à cubes dont nous avons parlé déjà (fig. 53).Mais, presque toujours,à côté de ce pilier on a sculpté des petites colonnettes à chapiteau bulbeux. Le tout est dans la même pierre et porte le nom d'« anavetical ».

Le larmier (cabodam) au-dessus de l'entablement prend des proportions considérables ; son profil n'est plus un quart de cercle, c'est une doucine dont la forme rappelle la moulure hindoue connue sous le nom de « padmam » (fleur de lotus).

Au-dessus du larmier, l'attique exhaussé par le carnacoudou, forme une sorte de fronton couronnant le faîte de l'édifice.

Il faut ordinairement gravir quelques marches avant de pénétrer dans le maṇḍapam ; ce perron est encadré de rampes, où sont représentés des animaux fabuleux (fig. 55).

Fig. 55. — Rampe d'escalier à l'entrée d'un mandapam
de l'époque de Bijanagar.

Les piliers qui sont à l'entrée du maṇḍapam sont généralement décorés d'immenses cariatides représentant des animaux cabrés. Il est à remarquer qu'à Bijanagar, on ne voit nulle part des chevaux comme à Vellore, à Srirangam, à Madura. Il est probable que c'est seulement à la fin du xvie siècle que les sculpteurs songèrent à représenter des chevaux. A Bijanagar, ce sont seulement des lions (simhas) ou des lions à trompe d'éléphants (Yâlis) (fig. A, Pl. XLI). En outre on ne voit pas aux pieds de l'animal cabré des bataillons de guerriers comme à Vellore, à Srîrangam, à Madura.

Les corbeaux des piliers du temple de Vitthala appartiennent aux types b et c (fig. 52). La fleur de lotus (bodigaï) est

A.    Intérieur du "Kayāna mandapam" Vellore (XVIᵉ siècle)

B.    Piliers à Vellore (XVIᵉ siècle)

A. Base du gópuram de Vellore (XVIe siècle).

B. Details d'ornementation a Vellore (XVIe siecle).

détachée, toutefois elle est toujours réunie au pilier par une
mince tige de pierre.

Un des plus beaux et plus célèbres maṇḍapams du Sud de
l'Inde, est le « Kalyâṇa maṇḍapam » de Vellore (fig. A,
Pl. XLIII). Aucune inscription ne permet d'en fixer la date.

Pour nous, aucun doute n'est possible : le maṇḍapam de
Vellore n'a pas été construit avant les maṇḍapams du temple de Vittala à Bijanagar, mais il est presque contemporain
du maṇḍapam de Srirangam et plus ancien que le Pudu
maṇḍapam de Madura, ce qui porterait à croire que le « Kalyâṇa maṇḍapam » de Vellore date de 1560 à 1600, c'est-
à-dire de la fin de l'époque de Bijanagar.

M. Burgess en se basant sur la tradition (« The traditions
of the place assign the erection of the Vellor maṇḍapam
variously to the year 1350 and according to other accounts
to about 1485) affirme (Fergusson et Burgess, *History of
Indian architecture*, t. I, p. 396) que le maṇḍapam de Vellore est fort ancien, « is one of the oldest porches in the
south ». Nous avons déjà dit que, se basant sur une préten-
due ressemblance avec le temple de Pratâpa Rudra à Worangal et avec le temple de Halebid, il accepte la date tradi-
tionnelle de 1300 : « As both these examples are earlier
than 1300, it might that this one was so also, but it is diffi-
cult to feel certain when comparing buldings so distant in
locality and belonging to different styles of art. »

Ce sont ces considérations qui lui ont dicté cette phrase
en parlant des maṇḍapams du temple de Vitthala à Bijanagar : « But what interest us most here is that it forms on
exact half-way house in style between such porches as those
at Vellor and Chidambaram, and that of Tirumalaï Nayyak
at Madura » (p. 401).

Et cependant, il n'est pas un seul motif d'ornementation qui puisse légitimer la supposition de l'ancienneté du Kalyâna maṇḍapam à Vellore. Par contre, la forme du corbeau (bodigaï) est tout à fait probante : le bodigaï est du type c, figure 52.

Entre 1300, date présumée par M. Burgess et 1600, il y a trois siècles de différence ; c'est cependant cette dernière date qui est la plus probable.

Plusieurs édifices contenus dans l'enceinte centrale du temple de Vellore sont un peu plus anciens, mais les bâtiments de la seconde enceinte (Kalyâna maṇḍapam, corridors, gopurams sont du même style (fin du seizième siècle).

La figure B, Pl. XLIII, représente un pilier à base de lion, qu'il est curieux de comparer avec les piliers de Mavalipuram. Outre la forme du siṁha, et la présence de « dents de scie » sur le tailloir, la principale différence est dans la forme de corbeau ; le bodigaï qui n'existait pas au vii⁰ siècle est très proéminent à Vellore.

Le principal gopuram du temple de Vellore (fig. A, pl. XLIV) qui est contemporain du maṇḍapam, peut servir de type de gopuram de la fin de l'époque de Bijanagar.

La base (fig. 56) montre l'apparition au-dessous du tore

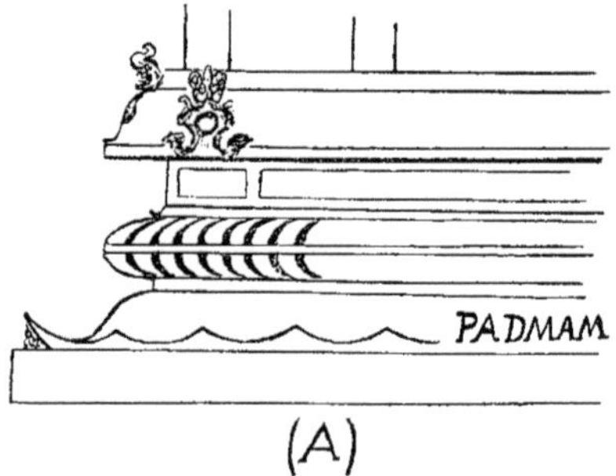


Fig. 56. — Piédestal à Vellore.

(coumoudam) d'une doucine (padmam) en forme de pétale de lotus.

Les niches (dévagosta) sont étroites, absolument dépour-

A. — Chevaux de Srirangam (XVI° siècle).

B.    Pilier à Srirangam (XVI° siècle).

A.    Entrée du "Pudu mandapam à Madura (XVII° siècle).

B.    Pilier à l'entrée du "Pudu mandapam" (XVII° siècle).

vues de statues, et surmontées d'un pavillon (pancharam).

La colonne décorative (fig. 57 a) se compose d'une colonne à chapiteau bulbeux supportant un petit pavillon (pancharam). La forme originelle de Tanjore s'est tout à fait perdue, le « coumbapancharam » a atteint sa forme définitive.

Les coudous (fig. 57 b) sont ornés de feuillages qui, loin d'être attachés en faisceau à la partie inférieure se séparent complètement. Toutefois la partie centrale est toujours circulaire.

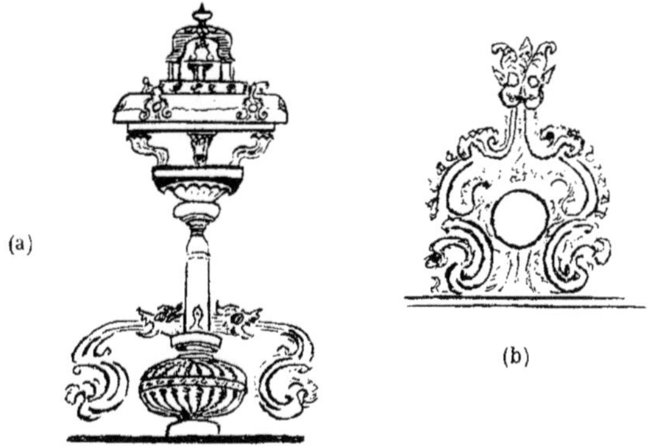

(a)                    (b)

FIG. 57. — a. Coumbapancharam. — b. Coudou à Vellore.

Enfin, les pavillons (pancharams) qui s'échelonnent sur les étages du gopuram sont tous redoublés à l'aide du carnacoudou (fig. 28 c).

Les célèbres « chevaux de Srîrangam » (fig. A et B, Pl. XLV) dans le temple fameux de ce nom sont contemporains du « Kalyàna maṇḍapam » de Vellore. Les « bodigaï » du Maṇḍapam de Srîrangam sont absolument identiques à ceux de Vellore et sont du type c, fig. 52. La fleur de lotus est rattachée au pilier par une tige horizontale. Les bodigaï de Srirangam diffèrent sensiblement de ceux du « Pudu Maṇḍapam » à Madura, et il y a au moins un demi-siècle d'intervalle entre eux.

# CHAPITRE V

## LE STYLE DE MADURA
### (de 1600 à nos jours)

Lorsque le royaume de Bijanagar eut été anéanti à la bataille de Talikot en 1565, par les Musulmans du Bijapur et de Golkonde, les princes hindous qui gouvernaient le pays dravidien sous la domination des rois de Bijanagar, devinrent les seuls maîtres du pays. Telle est l'origine de la puissance des Nâyyak de Madura, dont le plus illustre représentant est le roi Tirumal, qui régna de 1623 à 1659.

Au xvii<sup>e</sup> siècle, le Sud de l'Inde était donc gouverné par des rois hindous, protecteurs de la religion et des arts. De nombreux monuments furent construits à cette époque, ils sont d'un style très pur, qu'il importe de définir exactement. Nous l'appellerons le style de Madura parce que le grand temple de Madura est presque entièrement du xvii<sup>e</sup> siècle et que c'est un monument très digne de représenter un style.

De nos jours on construit encore des pagodes, mais il ne s'est pas écoulé assez d'années pour qu'on puisse distinguer nettement le style moderne du style de Madura. En tout cas le principe que nous avons admis qu'il n'y a eu aucune influence étrangère dans l'art dravidien se vérifie même aujourd'hui. On pourrait s'attendre à une influence européenne; il n'en est rien : les influences sont presque nulles ; au xx<sup>e</sup> siècle l'architecture demeure encore essentiellement originale.

Il est à Madura un monument dont la date est parfaite-

ment connue. L'histoire nous apprend en effet que c'est vers
1630 que fut construit le Vasanta ou Pudu Maṇḍapam (chaul-
drie du roi Tirumal). Cet édifice nous permettra donc de caractériser exactement le style de cette époque.

Le plan seul montre la différence entre l'art de Madura et
celui de Bijanagar (1).

Le Pudu maṇḍapam n'est pas un maṇḍapam comme ceux
du temple de Vitoba ou celui de Vellore ; c'est plutôt un
corridor. Il se compose de cent vingt piliers formant quatre
rangées : une allée centrale et deux bas-côtés. Il y a donc
en réalité trois galeries, selon le goût de l'époque, puisque
c'est peu de temps après qu'ont été construits les célèbres
corridors de Rameçvaram.

La figure A, Pl. XLVI, montre une des deux entrées du
Pudu Maṇḍapam.

Au-dessus du larmier (cabodam) l'attique est d'une architecture confuse. Le carnacodou est seul très visible, les
petits pavillons (pancharam) sont minuscules et enchevêtrés.

A l'entrée du maṇḍapam se trouvent des chevaux cabrés
(fig. B, Pl. XLVI).

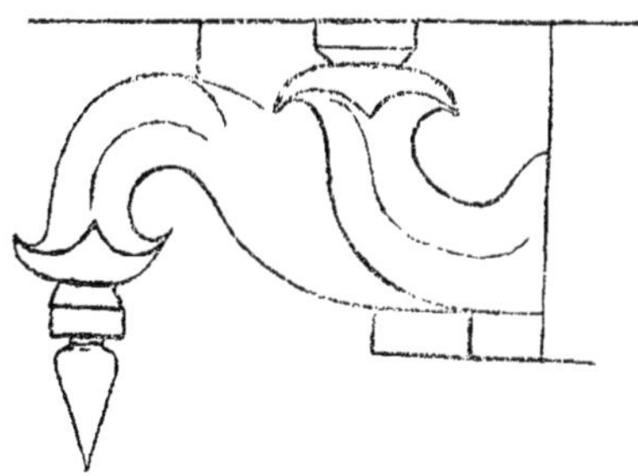

Fig. 58. — Bodigaï de l'époque de Madura.

Le Pudu Maṇḍapam (fig. A, Pl. XLVII) est d'un style
entièrement différent de celui de Bijanagar. On ne voit nulle
part ces colonnettes presque rondes et complètement déta-

(1) On trouvera ces plans dans Fergusson et Burgess, *History of Indian Architecture* (1910), Tome I. La fig. 226 montre le plan du Mandapam de Madura et la fig. 235 les plans des mandapams de Bijanagar.

chées du Kalyana maṇḍapam de Vellore. A Madura, les piliers sont grands, lourds, carrés et complètement accolés les uns aux autres.

Les corbeaux appartiennent à ce type qui caractérise d'une façon si nette les monuments postérieurs à 1600. La fleur de lotus (bodigaï) n'est unie par aucun lien au reste du corbeau (fig. 58), elle pend, entièrement détachée de la pierre.

Nous avons vu qu'aux époques précédentes et même encore à Vellore, le coudou présentait une partie centrale circulaire. A Madura, le centre du coudou n'est pas circulaire (fig. 59), il a la forme d'un cœur, et la partie inférieure est ouverte.

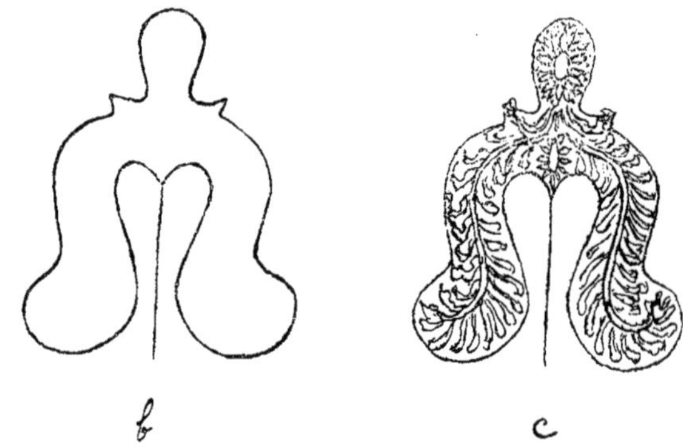

Fig. 59. — Coudous de l'époque de Madura.

Une des plus curieuses particularités du style de Madura, ce sont les statues en ronde bosse placées devant les piliers. La plupart de ces statues représentent Siva sous toutes ses formes.

Devant un des piliers du Pudu Maṇḍapam, on voit le roi Tirumal et ses femmes (fig. b, Pl. XLVII) ; nous savons ainsi exactement quelle était la mode des costumes à la cour d'un roi hindou au xvii<sup>e</sup> siècle.

En face du Pudu Maṇḍapam, se trouve l'immense base du

Râya gopuram (fig. A, Pl. XLVIII) commencé par Tirumal Nâyyak et jamais fini. Lespilastres sont minces et très sculptés, les corbeaux bodigaï) s'allongent tellement vers le bas que la partie inférieure en forme de gland (poumoné) touche le tailloir (palagaï). Il n'y a pas de niches et par conséquent pas de statues. L'ensemble n'a pas la simplicité et la belle ordonnance des anciens gopurams.

La plupart des pagodes du Sud de l'Inde sont fort hétérogènes. Elles sont composées de parties d'âges et de styles différents, disposées trop souvent au hasard. Le temple de Madura a ce grand mérite d'être d'un style très pur, ayant été construit presque entièrement à la même époque.

Le but de cet ouvrage n'est pas de faire de la critique d'art. Nous nous bornons à définir les styles et à les expliquer en en recherchant les origines ; nous n'avons pas à les juger. C'est aux artistes que revient la tâche d'apprécier la beauté des choses, et nous nous rapportons entièrement à eux, n'étant pas habilité pour cela. En présence du temple de Madura nous serions tenté de dire en parlant des conceptions de l'architecte hindou : « Elles aspirent au gigantesque, couvrent un quart de lieue de leurs entassements de pierre, amoncellent les colonnes en piliers monstrueux...., échafaudent clochers sur clochers dans les nuages. Elles exagèrent la délicatesse des formes, enroulent autour des portails des étages de figurines, revêtent les parois de pignons et de gargouilles...... étendent sur les tours l'enchevêtrement des colonnettes mignonnes, des torsades compliquées, des feuillages et des statues. On dirait qu'elles veulent atteindre en même temps l'infini dans la grandeur et l'infini dans la petitesse, accabler l'esprit des deux côtés à la fois par l'énormité de la masse et la prodigieuse abondance des détails. Il est visible qu'elles se proposent pour but une sensation extraordinaire, celle de l'émerveillement et l'éblouissement. »

Les phrases que nous venons de citer ne sont pourtant pas extraites d'un récit de voyage dans le Sud de l'Inde : l'auteur est H. Taine (*Philosophie de l'art*, t. I, p. 95) et il s'agit de l'architecture gothique.

Nous ne ferons pas la description détaillée du temple de Madura. On en trouvera le plan dans l'ouvrage de Fergusson et Burgess (t. I, p. 391).

La plupart des piliers sont du type ordinaire, formés de trois parties cubiques et du chapiteau avec bodigaï, entièrement libre (fig. B, Pl. XLVIII).

Les maṇḍapams sont très nombreux : le temple de Madura est une des rares pagodes qui soient presque entièrement couvertes. Ces galeries, richement sculptées, sont peintes en beaucoup d'endroits (fig. A, Pl. XLIX).

Le célèbre étang du lotus d'or ajoute la féérie de l'eau où se reflètent les palmiers, les tours et les colonnades, à toutes les merveilles de cette architecture de rêve (fig. B. Pl. XLIX).

Il y a six gopurams (par exemple fig. A et B, Pl. L) dont quatre sont de première grandeur. L'un d'entre eux (fig. A, Pl. LI) le plus méridional et le plus moderne est remarquable par sa forme élancée. Les gopurams plus anciens sont d'immenses pyramides dont les arêtes sont rectilignes. Ici l'arête forme une légère courbe, ce qui donne une singulière élégance au profil de la tour.

Il est quelques endroits du monde, Karnak, Angkor, Madura, où se trouvent réalisés dans la pierre les rêves les plus fantastiques de l'esprit humain. Mais en Egypte, au Cambodge, les peuples qui ont édifié ces monuments extraordinaires ont disparu depuis longtemps ; leur histoire est perdue dans un lointain fabuleux.C'est la puissance de l'imagination qui ressuscite au milieu des ruines de Thèbes les adorateurs d'Ammon, d'Horus, d'Hator, d'Osiris. Madura, lui, date d'hier. Le temple n'est guère plus ancien que le palais de

A. — Intérieur du "Pudu mandapam" à Madura (XVIIᵉ siècle).

B. — Le roi Tirumal et ses femmes.

A. — Raja gópuram à Madura.

B. — Piliers dans le temple de Madura.

Versailles, et le peuple qui l'a construit n'a jamais cessé de l'habiter. Rien n'a changé depuis le roi Tirumal : ce sont les mêmes rites, les mêmes fêtes, les mêmes processions. Les brahmes font leurs ablutions dans l'eau de l'étang sacré qui purifiait leurs ancêtres ; on casse autant de cocos devant Poulléar, le Dieu à tête d'éléphant ; le Saint Lingam est toujours arrosé de lait, de beurre et d'huile de sésame ; on brûle encore des parfums devant Minakchi, la belle déesse aux yeux de poisson, et les guirlandes de jasmin ne se sont jamais fanées sur son cou.

Le Teppacoulam, immense étang que le roi Tirumal orna de monuments, est aussi très remarquable (fig. B, Pl. LI). Au centre du lac, de fort élégants petits temples dravidiens apparaissent, éclatants de blancheur, au milieu du feuillage. Un maṇḍapam (fig. A, Pl. LIII) situé près de l'étang montre combien les édifices de ce genre sont plus simples à Madura qu'à Bijanagar.

A quelques miles au Sud de Madura près du rocher de Tiruparankundram où se trouve creusée une très ancienne cave des Pallavas, s'élève un beau temple moderne dédié à Soubramaniar (fig. B, Pl. LIII). L'exagération de l'ornementation y est peut-être plus manifeste encore qu'à Madura (fig. A, Pl. LIII).

Le petit temple de Soubramaniar à Tanjore, qui date pro-

bablement du xviii° siècle est célèbre par sa grâce. C'est
avec raison qu'on a dit de ces sculptures que c'était une orfè-
vrerie de pierre (fig. B, Pl. LIII).

Si l'on compare ces deux chefs-d'œuvre qui sont réunis
dans l'enceinte de la pagode de Tanjore, le temple de Soubramaniar et le grand vimâna, on est forcé de reconnaître
que l'art de Madura est un art de décadence, mais de très
brillante décadence.

Le temple de Soubramaniar ne porte pas d'inscriptions.
On en est donc réduit à se baser sur son style pour estimer
son âge. Mais l'examen même superficiel de son ornementation permet d'affirmer sans aucun doute possible qu'il date
du xviii° siècle.

Ce qui est extrêmement curieux, c'est que les archéologues
qui ont parlé du temple de Soubramaniar à Tanjore ont
énoncé à ce sujet les avis les plus variés.

« Dans l'enceinte de la pagode, près de la grande tour, se
trouve un temple très élégant dédié à Subramanya, fils de la
Déesse Parvati, femme de Siva. Il a été construit au xv° siècle. On remarquera l'élégance de ses formes et la beauté de
ses sculptures (fig. 198). » (Gustave Le Bon, *Monuments de
l'Inde*, p. 155.)

Avec M. Burgess, on arrive déjà à une différence de six
siècles ; on lit en effet dans l'ouvrage *History of indian Architecture* by Fergusson and Burgess 1910), t. I, p. 365 :
« probably two centuries more modern than the principal
temple ».

En d'autres termes, puisque le grand Vimâna date de la
fin du x° siècle, le temple de Soubramaniar daterait du xii°
siècle. Mais M. Burgess a soin de dire « probably ». Au contraire M. Vincent Smith est très explicite.

« A representative illustration of the Chola buildings is
afforded by the relatively small temple of Soubrahmania or
Kartikeya at Tanjore, nearly contemporary with the great
temple, and considered by Fergusson to be an esquisite a

A. — Mandapam dans le temple de Madura.

B. — Etang du lotus d'or.

A. — Base d'un gôpuram à Madura.

B. — Base d'un gôpuram à Madura.

A.   Gôpuram à Madura.

B.   Teppakulam à Madura.

A.    Mandapam près du " Teppakulam " de Madura.

B.    Tiruparankundram : temple de Soubramaniar.

piece of decorative architecture as is to be found in the south
of India » (*History of fine art in India* by Vincent A. Smith,
p. 38, ch. II, 1911).

Ainsi selon M. Vincent Smith le temple de Soubramaniar
à Tanjore doit être considéré comme « un bon spécimen du
style Chola », et il a soin d'ajouter : « nearly comtemporary
with the great temple » (à peu près contemporain du grand
temple).

Enfin dans l'ouvrage de M. Lionel D. Barnett, *Antiquities
of India*, London, MDCCCCXIII, on trouve cette phrase :

« About A. D. 1.000, Râja-Râja Chola built the great temple of Tanjore (Plate XIII).

Râja-râja's son Râjêndra reproduced this building on a
small scale in a temple erected by him at Gangai Kondapu-
ram. To the same century also may be attributed the beanti-
ful temple of Subrahmanya at Tanjore (Plate XIV). »

Il importe cependant d'insister sur le fait que les opinions
des auteurs que nous venons de citer ne sont nullement fon-
dées ; que le temple de Soubramaniar à Tanjore ne porte
pas d'inscriptions et que les dates qui lui ont été attribuées
sont purement fantaisistes.

Le style du temple de Soubramaniar diffère totalement de
celui du Grand Vimana, comme on peut s'en assurer en
comparant la fig. B. Pl. LIII avec la fig. B, Pl. XXXII.

Si donc on admet que ces deux édifices sont contemporains,
les théories de l'évolution du style dravidien que nous avons
énoncées dans cet ouvrage, reçoivent un démenti formel.

Nous conclurons en disant que le style du temple de Soubramaniar nous permet d'affirmer que ce monument date du
xviiie siècle et qu'à notre avis, M. Vincent Smith et M. Lionel
Barnett ont fait probablement, dans l'estimation de son âge
une erreur d'environ huit siècles.

# CHAPITRE VI

## L'ARCHITECTURE CONTEMPORAINE

De nos jours, on construit encore des temples, et bien que les ouvriers modernes aient sous les yeux des monuments européens, ils ne s'inspirent jamais des motifs étrangers et ils bâtissent toujours en suivant la tradition architecturale qu'ils ont reçue de leurs ancêtres (1).

Pour étudier l'architecture contemporaine, nous nous sommes rendu dans des temples en construction et nous nous sommes adressé aux ouvriers eux-mêmes, tandis qu'ils travaillaient dans leurs chantiers.

Nous avons eu sous les yeux les plans dont ils se servaient nous avons pu dessiner et photographier les pierres au moment où le ciseau les taillait en forme de chapiteaux, de larmiers ou de corbeaux. Enfin, nous avons interrogé les sculpteurs et ils nous ont donné, soit écrits en tamoul, soit oralement, les noms de chaque motif, de chaque moulure. Ce sont ces renseignements techniques que nous allons essayer de résumer ici.

(1) Aussi ne voit-on jamais dans les pagodes construites d'hier, ni le fronton triangulaire des Grecs, ni la voûte en berceau des Romains, ni la croisée d'ogives des Français. Il serait illogique, en effet, de bâtir dans le Sud de l'Inde selon des méthodes qui sont nées sur un autre sol et sous un autre climat. Pourquoi employer des voûtes à joints convergents alors qu'on peut employer d'immenses dalles de granit, pourquoi construire des toits aigus dans un pays de soleil? Les pagodes avec leurs enceintes immenses qui contiennent des étangs et des mandapams sont parfaitement adaptées à la civilisation hindoue, et il serait difficile de les remplacer par des édifices destinés à d'autres civilisations.

De même que les espèces animales subissent la loi de l' « Adaptation au milieu », les espèces architecturales s'adaptent aux matériaux et aux sociétés.

A. — Tiruparankundram : mandapam à l'entrée du temple de Soubramaniar.

B.     Temple de Soubramaniar à Tanjore (XVIIIe siècle).

A.    Mandapam à Tiruppappuliyür (XX⁰ siècle).

B    Bodigai sur le chantier a Tiruppappuliyur.

## § 1. — Les plans.

Les bâtiments qui constituent la pagode (en tamoul Kôvil ou Koïl) sont groupés généralement sans beaucoup d'ordre. En théorie cependant il devrait y avoir un plan déterminé. D'abord la pagode doit être orientée, c'est-à-dire que l'entrée du sanctuaire principal doit regarder l'orient.

Les murs d'enceintes (en tamoul Madal) forment des enclos rectangulaires dont les côtés sont aussi orientés.

On pénètre dans ces enceintes par les portes monumen-

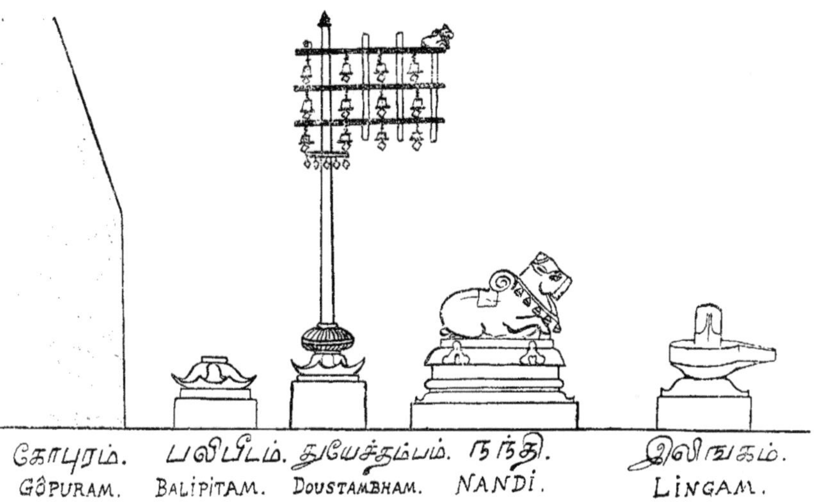


Fig. 60. — Balipidam. Stambham, Nandi.

tales que sont les gopurams. Le principal est celui de l'est ; il doit y avoir aussi un gopuram au sud ; ceux du nord et de l'ouest sont facultatifs.

Les espaces qui sont entre les enceintes portent le nom de « souttou-prakâram ». Ils contiennent des maṇḍapams, des étangs sacrés (Koulam), des cours, des sanctuaires.

Dans l'enceinte centrale se trouve le vimâna, à l'intérieur duquel se trouve le sanctuaire appelé « moûlastânam ou garbhagriham ».

La disposition des édifices à l'intérieur de l'enceinte du temple varie selon que le temple est sivaïte ou vichnouïte.

Quand on pénètre par le gopuram de l'est dans un temple sivaïte, on trouve devant soi le « balipitam » (du sanscrit pîṭha, siège) (fig. 60), c'est-à-dire le siège du sacrifice. C'est un petit autel de pierre, formé par une fleur de lotus. Les brahmes déposent dessus une boule de riz.

Derrière cet autel se dresse le « douadjastamba » ou « doustambam ». C'est un grand mât de bois qui supporte trois poutres horizontales dirigées vers le sanctuaire. A ces poutres sont suspendues des clochettes, que le vent fait tinter. Pendant tout le temps des fêtes, une étoffe jaune est enroulée autour du stambam.

Entre ce dernier et le sanctuaire se trouve la statue en granit du taureau Nandi. Il est toujours accroupi et dirigé de façon à regarder l'entrée du sanctuaire (garbhagriha). Celui-ci est carré, petit, et n'a d'autre ouverture que la porte. La lumière du jour peut rarement y pénétrer, mais il est généralement éclairé par des lampes qui ne s'éteignent jamais.

Au centre, le Lingam est placé sur un piédestal (avadeyar) légèrement concave de façon à recueillir les saintes huiles versées sur le Lingam et à les rejeter à l'extérieur du vimâna.

Les autres petits temples qui sont dans l'enceinte sont disposés de la manière suivante (fig. 61).

Des deux côtés du sanctuaire contenant le Lingam, et un peu en arrière, se trouvent les temples des deux fils de Siva : à droite (côté nord) celui de Soubramaniar, et à gauche (côté sud) celui de Poulléar, qui se trouve ainsi à droite de la porte lorsqu'on entre par le gopuram du sud.

En face de ce gopuram se trouve le temple de Parvatî et à côté, celui de Siva sous la forme de Natésa ou de Dakchinamurti.

Dans les temples de Vichnou une statue d'Hanuman ou de Garuda occupe la place du Nandi.

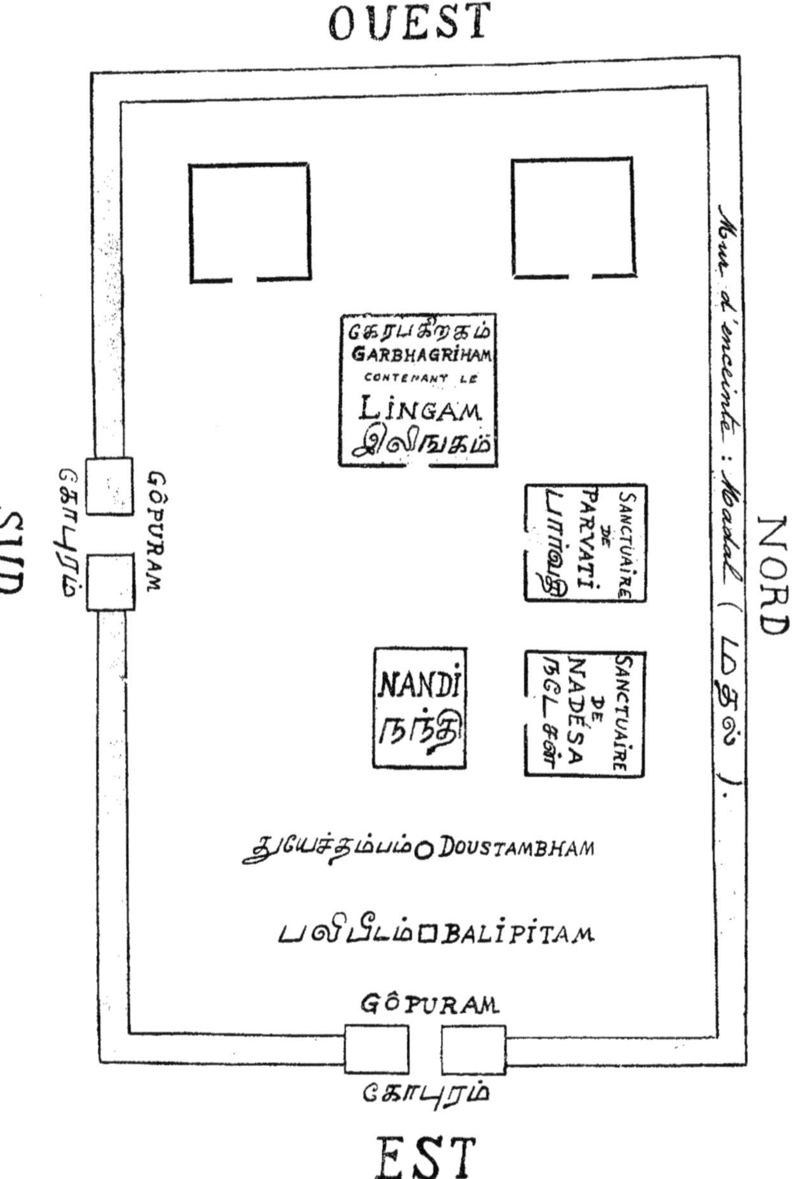


Fig. 61. — Plan d'un temple sivaïte.

Le temple placé au Sud-Ouest (en haut et à gauche sur le plan) contient une statue de Poul-léar. Le temple placé au Nord-Ouest (en haut et à droite sur le plan) contient une statue de Soubramaniar.

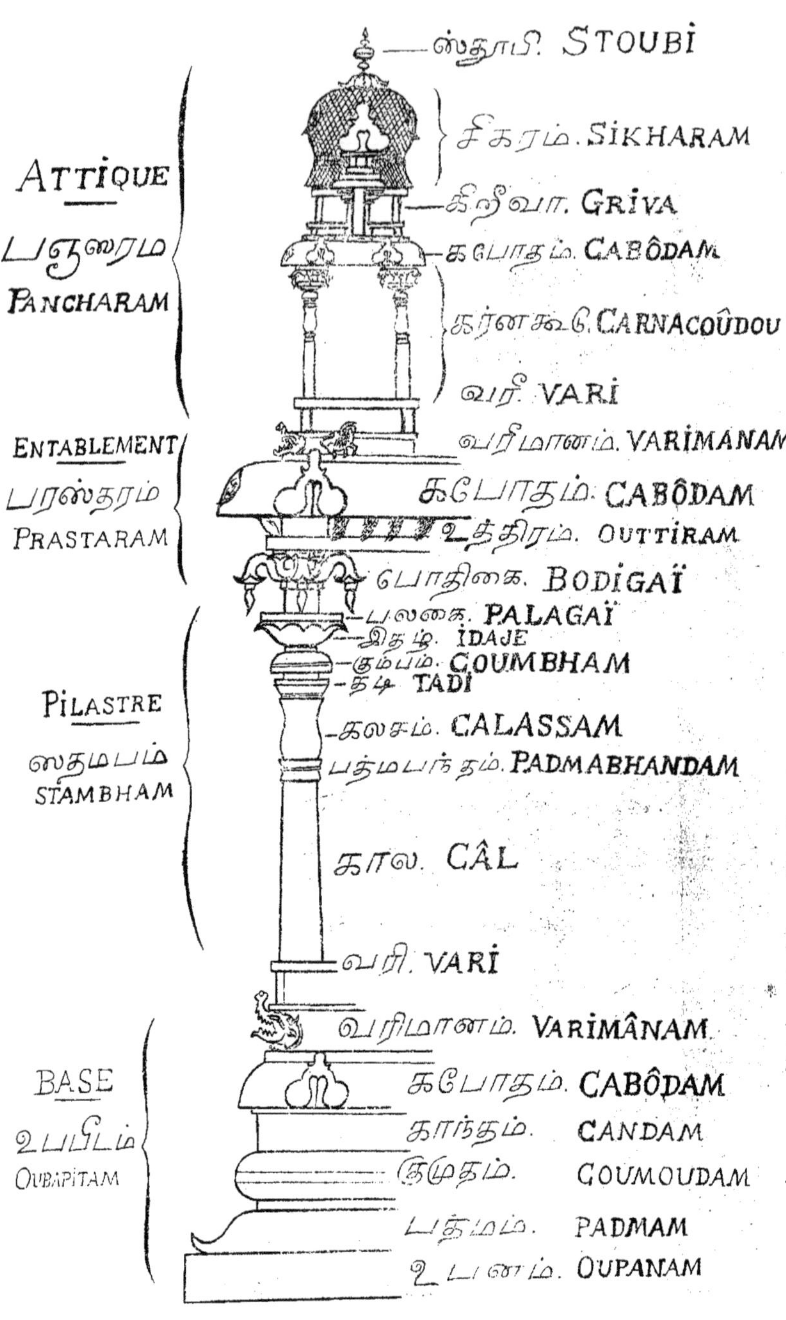


FIG. 62. — Ordre dravidien moderne.

Le sanctuaire contient une statue de Vichnou et à gauche (côté sud) un temple abrite l'image de Lakchmi.

### § 2. — L'ordre dravidien moderne.

La figure 62 représente les différents motifs qui constituent l'ordre dravidien moderne. A côté de chaque motif on y trouvera le nom écrit en caractères tamouls et sa prononciation française.

Tous ces motifs nous sont déjà bien connus, puisque nous en avons étudié les origines.

A la base « oubapitam » et au-dessus de la plinthe (oupanam), nous remarquons la doucine en forme de pétales de lotus, d'où son nom de « padmam » qui, au XIᵉ siècle, n'existait qu'à l'état embryonnaire et qui n'apparut définitivement qu'au XIIIᵉ siècle.

Au-dessus, la moulure appelée « coumoudam » est un tore ; mais à l'époque Pallava, c'était un coin émoussé, c'est-à-dire un listel biseauté et chanfreiné.

A Tanjore, XIᵉ siècle, c'était un tore, mais il était uni, et ce n'est qu'au XIIIᵉ siècle qu'on commença à l'orner de cannelures verticales qui sont presque de rigueur à l'époque de Bijanagar.

La rainure « candam » et le larmier « cabòdam » ont existé de tout temps. Mais nous avons vu qu'à Tanjore on les supprime afin de donner de grandes proportions au « varimànam » lequel est caractérisé par des simhas et des makaras. Cette mode fut tout à fait temporaire et locale.

La figure 63 indique les différentes parties dont est composé le chapiteau :

On remarquera que le bulbe « coumbham » a tout à fait la forme du larmier « cabòdam ». Cette similitude n'existe que depuis le XVIIIᵉ siècle, car aux époques antérieures c'était toujours une sorte d'ellipsoïde aplati.

Au-dessus, la doucine en calice de fleur, appelée « idaje », ou « idage » qui supporte le tailloir « palagaï » est ornée des

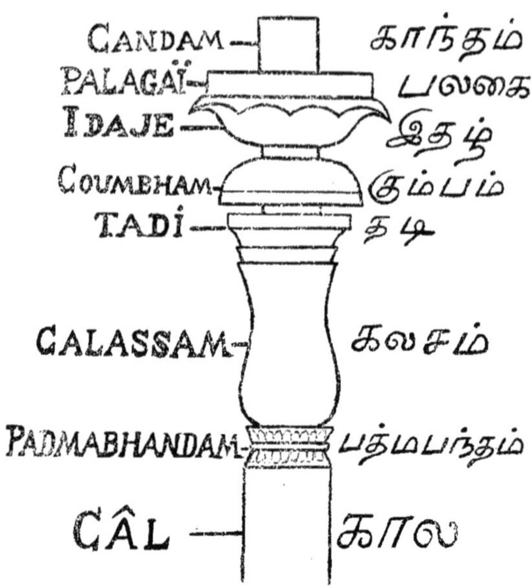


Fig. 63. — Chapiteau bulbeux moderne.

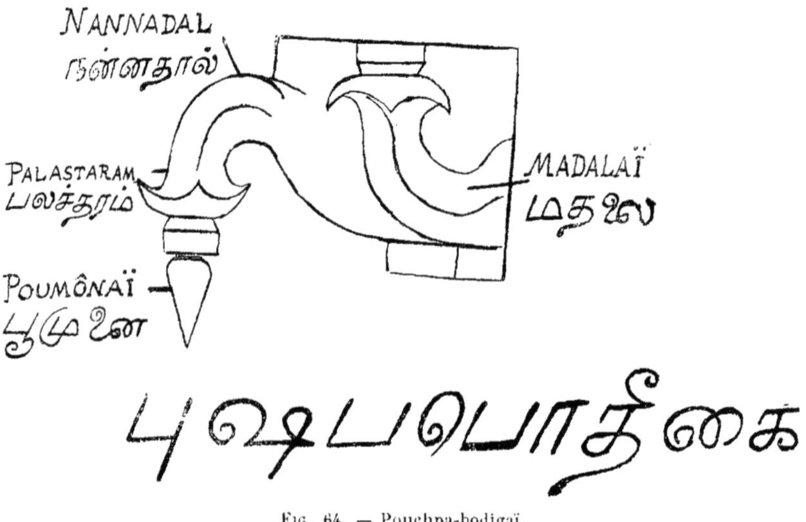


Fig. 64. — Pouchpa-bodigaï.

rebroussements en forme de dents de scie que nous avons

vu apparaître à l'époque Pandya (xiiiᵉ siècle) sur le gopuram de l'est à Chidambaram.

Dans la figure 64 on verra les noms de toutes les différentes parties de ce « pouchpa-bodigaï » dont nous avons si longuement étudié les origines.

Il est intéressant de noter que la partie en forme de pomme de pin appelée « poumònai » n'est pas taillée dans la même pierre que la partie appelée « palastaram », qui a la forme d'une fleur de lotus. La figure B, Planche LIV, montre un bodigaï sur le chantier, il est dépourvu de « poumônai » ; ce n'est en effet que lorsque le bodigaï est entièrement sculpté qu'on soude le « poumônai » à l'extrémité du « palastaram ».

Au-dessous du larmier (cabôdam) se trouvent des modillons qui affectent ordinairement la forme de petites fleurs de lotus, semblables à la partie du « bodigaï » appelée « madalaï » (fig. 64).

Ces modillons s'appellent « outtiram ». Ce ne sont des fleurs de lotus que depuis l'époque de Bijanagar, car aux époques précédentes c'étaient des petits gandharvas, et à Mavalipuram on trouve en cet endroit des oies sacrées d'origine bouddhique.

Le larmier « cabôdam » est orné du coudou dont la figure 65 montre la forme moderne.

La partie centrale, qui est en cœur, s'appelle Gandharva-mougam, bien que la tête de Gandharva qui était au centre du coudou ait disparu depuis le xᵉ siècle. Enfin, de nos jours, la partie supérieure appelée Simha-mougam, qui depuis le ixᵉ siècle était toujours décorée d'une tête de Simha, est souvent ornée par une fleur.

Le pavillon « pancharam » est toujours surélevé à l'aide du « carnacoùdou », qui était totalement inconnu jusqu'au xiiᵉ siècle, qui n'existe qu'au premier étage des gôpurams de l'époque Pandya, mais qui depuis est devenu de rigueur pour tous les étages. C'est devant le carnacoûdou que sont

placées les statues de terre cuite qui décorent les étages des
pagodes.

Le toit « couraï » est formé d'un dôme « sikharam ». On
remarquera qu'au milieu de ce dôme se trouve une petite

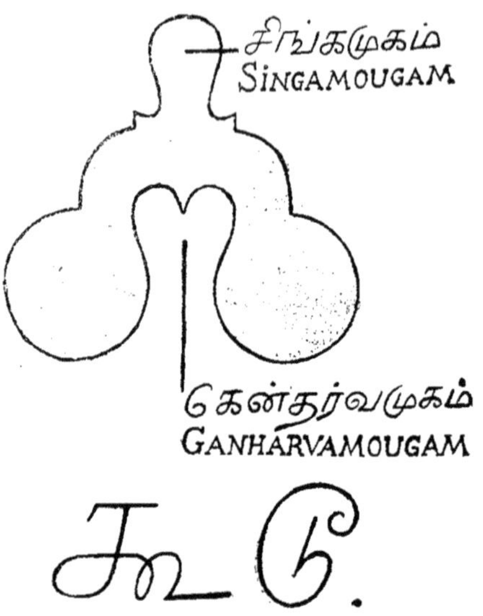


Fig. 65. — Coudou moderne.

fenêtre surmontée d'un « coudou ». Cette sorte d'étage supplémentaire est de date moderne.

Ainsi aujourd'hui l'attique est formée de trois étages : carnacoudou, griva et l'étage placé dans le dôme (sikharam).
C'est donc une évolution continue : un étage à l'époque Pallava, deux étages à l'époque de Bijanagar, trois étages de
nos jours.

Les sikharams sont en outre décorés d'ornements représentant des fleurs (codi-carouckou) et terminés par un
« stoubi ».

Tels sont les motifs qui constituent l'ordre dravidien moderne.

Les édifices sont ornés de niches (dèvagosta, maddam) et de coumbapancharams (fig. 66).

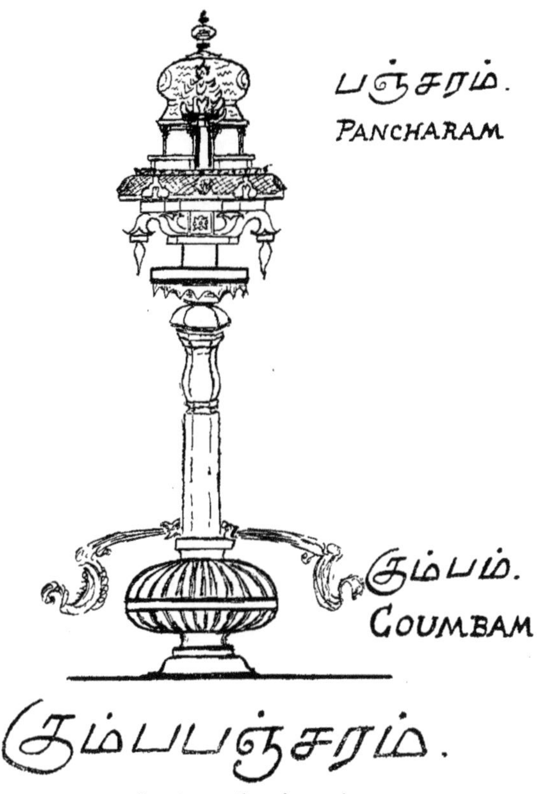



Fig. 66. — Coumbapancharam.

### § 3. — Les édifices.

Ils sont de trois sortes : les vimânas, les maṇḍapams et les gopurams.

De nos jours, les vimânas (fig. 67) sont petits et insignifiants.

La figure A, Planche LIV, donnera une idée des maṇḍapams modernes.

Le principal genre de piliers est le « tounou », c'est-à-dire

Fig. 67. — Vimâna.

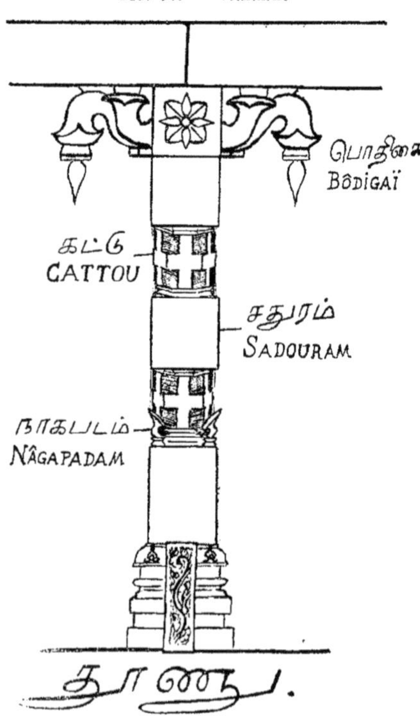


Fig. 68. — Tounou (pilier à cubes) moderne.

A.   Gopuram à Pondichéry.

B.   Gopuram à Madura.

A.   – Porte du temple d'Ekambaram à Conjeeveram.

B.   Base d'un gopuram (Vellore).

le pilier formé de parties cubiques (sadouram) et de parties prismatiques (cattou) (fig. 68).

Fort souvent la voûte est supportée par un seul pilier monolithe appelé « anivétical » (fig. 69).

C'est un pilier à chapiteau bulbeux adossé à un pilier à chapiteau cubique.

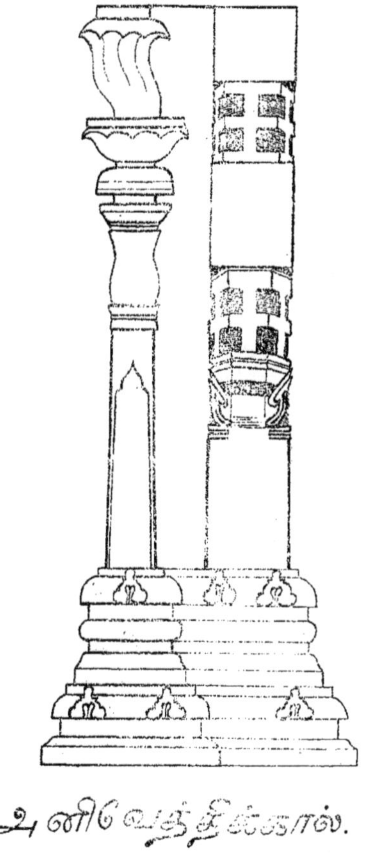

FIG. 69. — Anivétical.

La figure 70 représente le type le plus simple de gopuram.

La porte (cadavou) est ordinairement deux fois plus haute que large. Cette hauteur est souvent considérable. Les deux battants sont en bois et cloisonnés (fig. A, Pl. LVI). Les

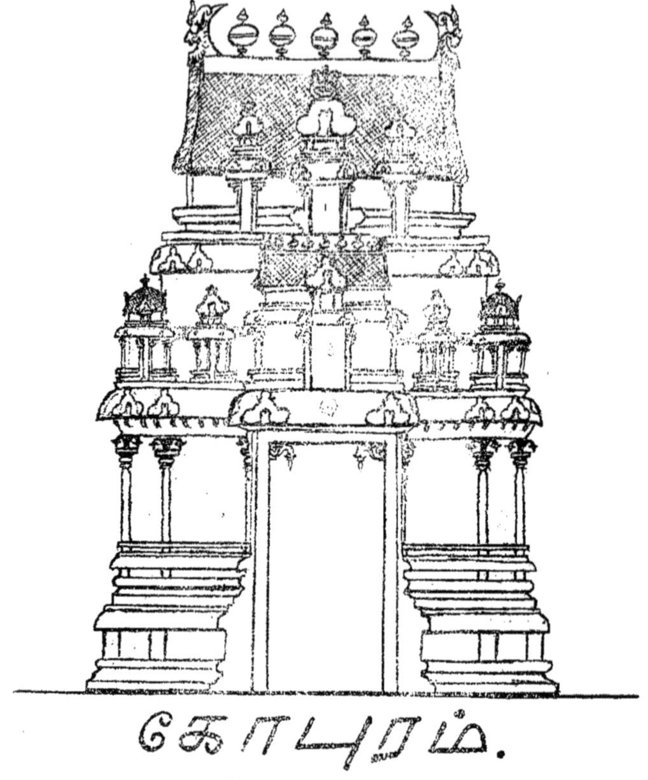


Fig. 70. — opuram.

gonds sont encastrés dans deux énormes jambages monolithes décorés de sculptures en bas-reliefs (1).

Les gopurams ont généralement plusieurs étages appelés

(1) Fréquemment en cet endroit, on voit (fig. A, Pl. LVI) une sorte de
bayadère qui s'appuie sur une branche d'arbre, motif qui rappelle
l'image de femme qui est de chaque côté des portes de Sânchî.

Dans le style nord-hindou, de chaque côté des portes, on voit aussi
des femmes représentant des divinités fluviales. Ce sujet ne se voit
jamais dans l'art dravidien des époques Pallava, Chola et Pàndya.

Le motif que nous trouvons ici serait donc une importation étrangère par l'intermédiaire du royaume de Bijanagar.

Le cas, précisément à cause de sa rareté, mérite d'être signalé,

« nilaï ». Le nombre des étages est toujours impair. A partir de neuf étages, un gopuram peut être considéré comme étant de première grandeur.

Les étages sont ornés de petits pavillons (pancharams). Ceux qui sont placés aux deux extrémités sont carrés.

Le pavillon du milieu est proéminent, plus grand que les autres et percé d'une fenêtre (la seule de la façade). Devant les pavillons exhaussés par le carnacoudou, des statues de terre cuite représentent les divinités du culte auquel appartient la pagode.

Parmi ces statues, il y en a qui sont obligatoires : ce sont les dvâlapâlars : 1° un « dvâlapâlar » (génie gardien de l'entrée) de chaque côté de la fenêtre. Il est tourné vers la fenêtre, et la montre du doigt. S'il est tourné, par exemple, du côté droit, il pose le pied gauche sur une massue placée à droite (et inversement s'il est tourné du côté gauche) ; 2° un « dvâlapâlar » est placé à chaque extrémité de l'étage, mais au-dessus du toit du pancharam carré. Un de ses bras est posé sur sa hanche et l'autre est levé en l'air dans un signe d'adoration.

Il est à remarquer que (à part les détails des sculptures) tous les étages sont semblables, mais ils décroissent avec la hauteur. Le nombre des pavillons est le même quel que soit l'étage, seules leurs dimensions varient et les parties homologues sont proportionnelles.

Aux deux extrémités de la crête du gopuram se trouvent d'énormes têtes de siṁhas (siṁha-mougam) et la crête ouvragée est ornée de boules (stoubi). Le nombre des stoubis est toujours impair ; il est égal au nombre des étages ou au nombre impair consécutif (soit $n$ le nombre d'étages, le nombre des stoubis est égal à $n$ ou $n + 2$).

Lorsque les gopurams sont neufs, ils sont peints entièrement du haut en bas ; en particulier les statues de terre cuite qui ornent les étages sont habillées des plus riches couleurs. Mais cette peinture disparaît avec le temps, aussi les gopurams sont-ils généralement de la couleur rougeâtre de la brique qui sert à construire les étages (la base étant toujours en granit).

Les murs dont les gopurams servent de portes sont ordinairement peints de raies verticales alternativement blanches et rouges.

A la partie supérieure des murs, comme antéfixes à l'angle des enceintes, sont placés soit le Nandi, si le temple est sivaïte, soit Garouda, si le temple est dédié à Vichnou, soit un lion « simha » si c'est une pagode de Kâli.

Dans cet ouvrage, où nous avons essayé de montrer l'évolution de l'architecture dravidienne, nous n'avons étudié que les motifs d'ornementation, c'est-à-dire ce qui est dû au ciseau du sculpteur, et nous avons passé sous silence tout ce qui se rapporte à l'art de l'ingénieur.

Une telle négligence serait incompréhensible dans l'étude de l'évolution de l'architecture gothique.

Le but des architectes français du moyen-âge était de construire des voûtes avec des petits matériaux, et l'histoire de l'architecture gothique c'est l'histoire de la recherche de la solution d'une question de mécanique.

Le plan des édifices, la convergence des joints, la poussée des voûtes étaient dans l'art gothique des considérations primordiales.

Il n'en est pas ainsi dans l'art dravidien : les Hindous du Sud de l'Inde n'ont jamais eu besoin de résoudre de telles questions. Les grands vimânas comme celui de Tanjore, les grands gopurams tels que ceux de Trichinopoly et de Madura. ne sont que des amoncellements de pierre où l'art de l'ingénieur est à peu près nul.

La nature permet à l'architecte hindou d'édifier les salles immenses des mandapams en posant de larges dalles de granit sur des piliers monolithes. Les procédés de construction sont donc très élémentaires ; les détails de la sculpture sont seuls intéressants, et l'histoire de l'architecture du Sud de l'Inde se réduit à l'histoire de l'ornementation.

APPENDICE



## LE STYLE NORD-HINDOU ET LE STYLE DE PATTADAKAL

Nous avons essayé de prouver dans les pages précédentes que tous les monuments du Sud de l'Inde, depuis les plus anciens (vii<sup>e</sup> siècle, Mavalipuram) jusqu'aux plus modernes (xx<sup>e</sup> siècle, Tiruppàppuliyûr) étaient purement indigènes, c'est-à-dire qu'on n'y remarque jamais aucune influence étrangère.

Mais si les peuples de langue tamoule n'ont jamais emprunté des motifs d'ornementation aux autres pays, par contre, les pays voisins ont à plusieurs reprises adopté l'architecture dravidienne. Les Châlukyas de Bâdâmi et de Pattadakal, les Rashtrakûtas de Mâlkhed édifièrent des monuments dravidiens au milieu de pays dont l'architecture ordinaire appartenait au style que nous appellerons « Nord-hindou ». Il s'ensuivit que ces monuments construits en pays étrangers ne sont pas de style très pur ; ils n'ont pas fait partie du mouvement général d'évolution, et c'est pour cela que nous ne les avons pas fait entrer dans l'histoire de l'architecture dravidienne.

Il serait regrettable cependant de passer sous silence des monuments aussi remarquables que le temple de Bàdàmi, celui de Virupakaha à Pattadakal et le Kaïlàsa d'Ellora ; nous les étudierons donc dans cet appendice. Ce sera pour nous une occasion de caractériser le style nord-hindou.

Pour bien connaître une chose, il faut non seulement savoir ce qu'elle est, mais encore ce qu'elle n'est pas. Pour connaître le style dravidien, il importe non seulement de l'analyser lui-même, mais encore de définir les styles qui ne

sont pas dravidiens, et c'est lorsque nous saurons quels sont
les motifs caractéristiques du style nord hindou que nous
pourrons conclure à l'originalité du style dravidien.


## § 1. — Le Style nord-hindou.

Lorsqu'on ne considère que l'aspect extérieur des édifices,
rien n'est plus facile que de distinguer les monuments nord-
hindous des monuments dravidiens. A Pattadakal par exemple, on trouve les uns auprès des autres, des temples appartenant à chacun de ces deux styles que M. Burgess (*History
of Indian architecture*. Londres, 1910, t. II, p. 89) compare
dans les lignes suivantes :

« The general apperance of the northern temples, and the
points of difference between them and those of the south,
will be apprecied from the above woodcut (n° 309) represen-
ting two very ancient temples, built in juxtaposition at Pattadakal, in Bijapur district. That on the left is a complete
specimem of dravidian architecture. There is the same pyra-
midal form, the same distinction of storeys the same cells on
each, as we find at Mamallapuram, at Tanjor, or at Madura.
The right-hand temple... Indo-Aryan of somewhat later
date, and in which, on the contrary, the outline of the pyramid is curvilinear ; no trace of division of storeys is observa-
ble, no reminescence of habitations and no pillars or pilas-
ters any where. Even in its modern form, it still ritain the
same characteristics and all the lines of the pyramid or
sikhara are curvilinear, the base polygonal ».

Ainsi donc, la tour qui s'élève au-dessus du sanctuaire est
très caractéristique. Si le temple est dravidien, cette tour est
formée d'étages et chaque étage est orné d'une série de pavillons (pancharam) ; en outre, cette tour a la forme d'une
pyramide à arêtes droites, et elle s'élève sur une base carrée
ornée de pilastres. Le temple nord-hindou au contraire est
absolument dépourvu de pavillons (pancharam) et d'étages.

A.    Intérieur d'une cave bouddhique à Ellora.

B.    Intérieur de la cave Visvakarma à Ellora.

A. — Portion de la façade de la cave Visvakarma à Ellora.

B.     Piliers dans la cave n° 1 à Badami (VI° siecle).

Son profil n'est pas rectiligne, c'est une courbe parabolique
et au sommet est placé un énorme ellipsoïde aplati appelé
« amalaka ». Cette tour s'élève sur une base polygonale dépourvue de pilastres.

La forme extérieure de l'édifice ne suffit pas cependant
pour distinguer les styles.

En effet, les plus anciens monuments du style nord-hin-
dou, qui datent des vi$^e$ et vii$^e$ siècles sont des caves ; ils n'ont
pas de forme extérieure. Il importe donc de déterminer des
caractères distinctifs qui ne reposent pas sur l'aspect extérieur du monument.

Voici quelques exemples :

A Ellora, un seul monument est à air libre. c'est le Kaïlâsa. Or, à cause de sa forme extérieure, on le range parmi
les monuments dravidiens. Quelles raisons a-t-on d'affirmer
que seul le Kaïlàsa est dravidien ?

Le même cas se présente à Bàdàmi. On y trouve un temple
(Malegitti) élevé à air libre, qui est considéré comme dravidien et qui date de 625 environ. Or, non loin de là, on trouve
trois caves dont l'une (cave n° 3) est datée de 578, c'est-à-
dire qu'elle n'est pas beaucoup plus ancienne que le temple
dravidien. Il serait donc très naturel de ranger les caves de
Bàdàmi parmi les caves dravidiennes.

Nous allons montrer cependant que les caves d'Ellora et
de Bâdâmi ne peuvent pas être considérées comme appartenant au style dravidien, qu'elles sont des exemples d'un style
bien différent, le style « nord-hindou » (1).

(1) M. Burgess (*History of Indian and eastern architecture* (1910),
t. II, p. 84-85) emploie l'expression « Northern or Indo-Aryan » qu'il
répète dans le courant de son histoire de l'Architecture Hindoue sans
choisir entre « Northern » et « Indo-Aryan ». Nous pensons qu'en effet
aucune de ces deux dénominations n'est satisfaisante. Nous adopterons
donc une troisième expression en donnant à ce style le nom de « Nord-
hindou ». Le mot « nord » est destiné à distinguer ce style de celui du
Sud de l'Inde, c'est-à-dire du style dravidien ; mais il est nécessaire de
spécifier qu'il est « hindou » pour le distinguer du style musulman.

Puisque ces temples sont des caves, il ne nous reste pas d'autre élément de comparaison que les piliers. Nous allons donc essayer de caractériser le style des piliers nord-hindou et montrer ce qui les distingue des piliers dravidiens de l'époque Pallava.

En outre, nous essaierons d'en comprendre la forme en essayant d'en découvrir les origines.

Les plus anciennes caves de style nord-hindou se trouvent à Ajanta et à Ellora. La plupart de ces monuments sont des vihâras et des chaityas, qui ne ressemblent que très peu cependant aux vihâras et aux chaityas des époques d'Asoka et de Kanihka. Les caves moins anciennes sont généralement des sanctuaires brahmaniques (1).

On en trouve non seulement à Ajanta et à Ellora, mais en d'autres endroits : Dhamnar, Kholvi, Nâsik, Kanheri, Bâgh, Aurangabad, Bâdâmi, Aïholi, etc.

Les piliers sont toujours carrés depuis la base jusqu'à mi-hauteur. Ordinairement, ils ne sont pas sculptés jusqu'à 1 m. 50 au-dessus du sol, et, à cette hauteur, ils sont décorés sur les quatre faces de frises en très bas relief.

C'est le chapiteau, c'est-à-dire la moitié supérieure du pilier, qui diffère selon les cas.

(1) Il ne faudrait pas croire que ces derniers sont nécessairement plus récents. A Ellora, par exemple, rien ne prouve que les caves Râmesvara et Râvân-Ka-Kaï, qui sont brahmaniques, soient moins anciennes que le chaitya bouddhique Viswakarma. Il est certain cependant que « la cave des Avatâra » était primitivement bouddhique et qu'elle fut ornée ensuite de sculptures brahmaniques.

Telle n'est pas l'opinion de M. Burgess :

« At firts sight it seen as if the excavation had bee made by the Buddhists, and appropriated and finished by their successors. But ons examination il appears that we owe ifentirely to the Brahmas. »

Il y a cependant une preuve que la cave a été commencée par les bouddhistes : les 6 piliers qui forment la façade du 1er étage sont sculptés et au-dessus de chaque chapiteau se trouve un petit Bouddha (Voir par exemple *Elura caves temples Burgess*, 1883, Plate XXI). Il est invraisemblable que ce soient des brahmaniques qui aient sculpté ces piliers.

Nous diviserons ces chapiteaux en deux catégories.

A. — Le premier de ces deux groupes ressemble beaucoup au chapiteau bulbeux dravidien, tel qu'on le trouve si fréquemment à Mavalipuram. Il y a cependant deux différences :

1° Le bulbe nord-hindou est toujours cannelé, tandis qu'on ne voit jamais aucune cannelure dans les piliers de style Pallava ; ces derniers sont biseautés, mais le biseau n'est jamais approfondi de façon à former une cannelure.

Les bulbes des chapiteaux nord-hindou présentent donc des côtes verticales.

2° Le bulbe nord-hindou est toujours orné d'un bandeau circulaire. Nous avons dit que le bulbe était une sorte d'ellipsoïde aplati. Ce bandeau est une sorte de zone équatoriale où le bulbe n'est pas cannelé.

Ces chapiteaux bulbeux sont de deux sortes : les uns sont dépourvus de tailloir (ce qui correspond au palagaï) (fig. B, Pl. LVIII) ; les autres ont au-dessus du bulbe une sorte de calice de fleur supportant le tailloir (par exemple fig A, Pl. LIX).

L'origine de ce genre de chapiteau est peu douteuse.

Il est extrêmement probable qu'il faut en chercher l'origine dans cette partie sphérique des chapiteaux de l'époque de Kanishka, qui provenait de la cloche de l'époque d'Asoka.

B. — Le second genre de chapiteau a une forme plus inattendue. C'est une sorte de pot sphérique d'où sortent des feuillages qui retombent sur les bords du vase.

On lit à ce sujet dans l'ouvrage de Fergusson et Burgess (*History of Indian Architecture*, t. I, p. 298) :

« The capitals are, however, the most interesting parts... They belong to what may be styled the Hindû-Corinthian order, though the principle on which they are designed is diametrically opposed to those of the classical order of the same name. The object of both — as is well known — is to convert a circular shaft into a square architrave — bearing

capital in a graceful and pleasing manner. We all know the
manner in which the Ionic and Corinthian capitals effect this ;
pleasingly, it is true. but not without effort and some little
clumsiness which it required all the skill and taste of classical architects to conquer. To effect this object the Hindûs
placed a vase on the top of their column, the bowl of which
was about the same diameter as that of the pillar on which
it was placed, or rather larger ; but such an arrangement
was weak, because the neck and base of the vase were neces-
sarily smaller than the shaft of the pillar and both were
still circular. To remedy these defects, they designed a very
beautiful class of foliage ornament ; which appears to grow
out of the vase on each of its faces, and, falling down wards,
strengthens the hollows of the neck and foot of the vase, so
as to give them all the strength they require, and at the same
time to convert the circular form to the shaft into the required square for the abacus of the capital. »

L'origine de ce motif est un problème qui, à notre avis,
est susceptible d'une solution satisfaisante.

La première hypothèse qui se présente naturellement à
l'esprit est que ce motif d'ornementation est dérivé du chapiteau bulbeux ; on pourrait croire que le bulbe a été transformé en vase d'où on a fait sortir des feuillages.

A notre avis, l'origine en est toute différente : c'est le pilier
à chapiteau cubique de l'époque Kanishka et orné, comme
une balustrade de fleurs de lotus, qui s'est transformé par
voie d'évolution en ce chapiteau en forme de vase à fleur.

La loi de cette évolution est représentée dans la figure 70.

En étudiant l'art bouddhique de l'époque de Kanishka
nous avons remarqué d'abord à Nasik, un pilastre (fig. B,
Pl. IX) orné de trois fleurs de lotus superposées.

Si maintenant nous considérons la figure B, Pl. LIX, qui
représente un pilastre des plus anciennes caves bouddhiques d'Ellora, et la planche X qui représente la façade de la
cave n° 19 à Ajaṇṭà, nous voyons une grande analogie entre

A. — Pilier dans la cave "Râmesvaram" à Ellora.

B. — Pilier d'une cave bouddhique à Ellora.

A. — Cave n° 2 à Bàdami (VI° siècle).

B. — Piliers à l'entrée d'une cave bouddhique d'Ellora.

Fig. 71. — Histoire du pilier nord-hindou.

les chapiteaux qui y sont représentés et ceux dont nous venons de parler. Mais dans le pilastre à cubes. on a remplacé les fleurs de lotus par des cercles contenant de petits bas-reliefs. En outre ces cercles sont entourés d'un feuillage bien plus considérable que celui qui entourait la fleur de lotus de la cave de Nasik.

En comparant le pilier de la figure B, Pl. LIX, avec ceux des figures A et B, Pl. LX, on comprendra facilement comment on fit sortir le feuillage d'un vase, au lieu de le faire sortir de la partie supérieure du cercle, et très rapidement la forme du vase devint définitive (fig. 70).

Ce chapiteau dont nous venons de rechercher les origines, nous lui donnerons le nom de chapiteau nord-hindou. Il est à remarquer en effet que ce chapiteau en forme de vase se rencontre dans tous les monuments de style nord-hindou. Si d'autre part on songe que jamais on ne voit ce motif dans l'art dravidien, on conviendra que le nom de chapiteau nord-hindou donné à cet ornement en forme de vase d'où sortent des fleurs, est légitime.

### § 2. — Le style de Pattadakal.

L'architecture des royaumes des Chàlukyas et des Râshtrakûtas situés au nord du pays tamoul, a subi alternativement des influences dravidiennes et des influences nord-hindoues.

Il en est résulté des styles intermédiaires desquels il importe de dire quelques mots parce que des monuments très remarquables et très connus (par exemple le Kaïlàsa d'Ellora) ont été construits dans ces styles.

Le plus connu de ces styles intermédiaires est le style Chàlukya dans lequel furent élevés les temples fameux d'Halebid et de Bêlûr. Il est probable que les plus anciens temples Chàlukyas datent du xᵉ siècle ; l'invasion musulmane en 1311 arrêta subitement son évolution au moment même de son apogée.

Bien que dérivé du style dravidien, le style châlukya en diffère trop pour qu'il soit possible de les confondre. Il n'en est pas de même pour les monuments de Pattadakal et le Kaïlàsa d'Ellora.

Ces monuments ne sont pas dravidiens. Et cependant ils ressemblent à ce point à des temples dravidiens que jusqu'à présent tous les auteurs qui en ont parlé les ont considérés comme tels, et les ont décrits en même temps que les temples du pays tamoul(1).

Mais si, au lieu de considérer seulement l'aspect général, on étudie de près les motifs, on remarque de si nombreuses influences nord-hindoues qu'il est impossible de continuer à considérer ces temples comme dravidiens.

Nous dirons qu'ils appartiennent à un style spécial auquel nous donnerons le nom de style de Pattadakal parce que le grand temple de Virûpâksha à Pattadakal (8 milles à l'est de Bâdâmi) construit par Lokamahadevi, femme du roi Chalukya Vikramâditya II (733-747) peut être considéré comme le type du genre.

Il est très probable que c'est à la suite de la défaite du roi Pallava Nandivarman et de la prise de Kâñchî par le roi Vikramaditya en 740 que s'introduisit dans le royaume des Châlukya le goût des temples dravidiens.

Le plan est analogue à celui du temple de Kaïlàsanàtha à Kañchîpuram.

La partie supérieure du temple (fig. A, Pl. LXIII) diffère légèrement de celle des temples dravidiens. Les sculptures sont d'une très grande beauté (fig. B, Pl. LXIII).

Le célèbre Kaïlàsa d'Ellora est presque la copie du grand temple de Pattadakal. Il est d'ailleurs à peu près du même

(1) Le temple de Saïva Malegitti à Badami (fig. A et B, pl. LXII), bien que petit. est un chef-d'œuvre. A part la forme des piliers qui se trouvent devant l'entrée du temple et à l'intérieur, il pourrait presque être considéré comme dravidien. Les tirouatchi qui décorent les niches sont presque identiques à ceux de Mavalipuram.

âge. Selon toutes vraisemblances, il a été construit par le roi Rashtrakuta Krishna Ier, qui régna de 757 à 783 et acheva la conquête de l'empire des Châlukyas.

Nous ne décrirons pas ici le Kaïlâsa, universellement connu et admiré, et si souvent dessiné et photographié.

Les auteurs qui en ont parlé l'ont toujours classé parmi les monuments dravidiens. Dans l'ouvrage classique de Fergusson et Burgess : *History of Indian Architecture*, vol. I, 1910, le Kaïlâsa, d'Ellora est étudié dans le chapitre qui traite de l'architecture dravidienne.

Ce qui est étrange c'est qu'il existe à Ellora un temple qui est la réduction du Kaïlâsa, est qui exactement du même style et qui est sculpté sur le même plan. Or personne n'a jamais songé à le classer parmi les temples dravidiens. Nous voulons parler du temple qui se trouve à l'entrée de la cave d'« Indra Sabha ». On pénètre par un minuscule gopuram dans une cour intérieure, très analogue à celle du Kaïlâsa. A l'entrée se trouve un éléphant et un stambham. Le sanctuaire est à l'intérieur d'un vimâna monolithe qui rappelle beaucoup celui du Kaïlâsa (1).

Or, on classe toujours le temple d' « Indra Sabha » parmi les édifices de style Nord-Hindou. Pourquoi n'a-t-on jamais hésité à considérer le Kaïlâsa comme dravidien ?

Il n'a pas été construit par des tamouls : les Rashtrakutas de Mâlkhed n'étaient pas des tamouls. On dira que le dôme du Kaïlâsa est orné de petits pavillons (pancharams). Nous répondrons à cela que tous les temples de style Châlukya sont ornés de pancharams, et que l'on devrait plutôt ranger le Kaïlâsa parmi les monuments chalukyas les plus anciens, comme un type très archaïque de ce style.

Les piliers Nord-Hindous que nous avons décrits précé-

---

(1) M. Burgess range le temple d'Indra-Sabha parmi les monuments de style Jaïna (Fergusson et Burgess, *History of Indian Architecture*, tome II, p. 20 et figure 274 (édition de 1910). Il constate cependant la ressemblance avec le Kaïlâsa.

A. — Piliers à l'entrée de la cave "Visvakarma" à Ellora.

B. — Intérieur de la cave "Cendres de Ravana" à Ellora.

A. — Dvârapâlaka à l'entrée du temple de Mâlegitti à Bâdâmi.

B. — Vichnou (Temple de Bâdami, VII$^e$ siecle).

A. — Sommet du temple de Virûpaksha à Pattadakal.

B. — Base du temple de Virûpaksha (VIIIᵉ siècle).

A.    Stambha dans le Kailāsa d'Ellora (VIIIe siècle).

B.    Temple chalukya a Bādāmi.

demment, dont le chapiteau a la forme d'un vase d'où sortent des feuillages, se rencontrent partout dans le Kaïlâsa.

Il suffit d'ailleurs de jeter les yeux sur l'un des « stambhas » dont la partie supérieure est représentée dans la figure A, Pl. LXIV, pour remarquer que ce chapiteau n'a rien de dravidien.

L'idée que le Kaïlâsa d'Ellora a été sculpté par des artistes venus de la côte de Coromandel nous semble dépourvue de tout fondement.

Le Kaïlâsa est une des merveilles non seulement de l'Inde, mais du monde ; il a donc toujours été considéré comme le chef-d'œuvre de l'art dravidien. Dans cet ouvrage consacré à l'architecture dravidienne, c'est bien à regret que nous sommes obligé d'affirmer que c'est bien à tort qu'on a considéré le Kaïlâsa comme l'œuvre des sculpteurs du pays tamoul.

A la vérité ce temple appartient au style de Pattadakal, qui est à notre avis la forme la plus archaïque du style Châlukya.

Nous ne pouvons aborder ici l'étude du style Châlukya dont la figure B, Pl. LXIV, montre un exemple.

Nous dirons seulement qu'à notre avis, le caractère principal du style châlukya est le suivant : la partie correspondant au « varimanam » du style dravidien imite l' « amalaka » du style nord-hindou. Le « varimanam », nous l'avons vu précédemment, est la moulure qui est placée au-dessus du larmier « câbodam » et qui, dans les temples dravidiens, est toujours ornée de « simhas » et de « makaras ».

Il est extrêmement probable que les sculpteurs Chalukyas sculptèrent d'abord le « varimanam » à la manière

dravidienne avec des « siṁhas » et des « makaras » en haut-
relief. Dans la suite ils prirent l'habitude de ne faire qu'épan-
neler la pierre. Les animaux furent donc remplacés par des
petits parallélipipèdes rectangles, dont l'ensemble rappelle
l' « amalaka ».

# TABLE DES MATIÈRES DU TOME I

### (Architecture).

# TABLE DES PLANCHES DU TOME I

## ARCHITECTURE

# TABLE DES FIGURES DANS LE TEXTE DU TOME Ier

## ARCHITECTURE.

# ANNALES DU MUSÉE GUIMET

## BIBLIOTHÈQUE DE VULGARISATION

### SÉRIE DE VOLUMES IN-18 A 3 FR. 50

I. **Les Moines égyptiens**, par E. Amélineau. In-18, illustré.

II. **Précis de l'histoire des religions** Première partie. Religions de l'Inde, par L. de Milloué. In-18, illustré de 21 planches.

III. **Les Hetéens.** Histoire d'un Empire oublié, par H. Sayce. Traduit de l'anglais, avec préface et appendices, par J. Menant, de l'Institut. In-18 illust.

IV. **Les symboles, les emblèmes et les accessoires du culte chez les Annamites**, par G. Dumoutier. In-18, illustré.

V. **Les Yézidis.** Les adorateurs du diable, par J. Menant, de l'Institut. In-18, fig.

VI. **Le culte des Morts** dans l'Annam et dans l'Extrême-Orient, par le lieutenant-colonel Bouinais et Paulus. In-18.

VII. **Résumé de l'histoire de l'Egypte**, par E. Amélineau. In-18.

VIII. **Le bois sec refleuri.** Roman coréen, traduit par Hong-Tjyong-ou. In-18.

IX. **La Saga de Nial**, traduite en français pour la première fois par R. Dareste, de l'Institut, conseiller à la Cour de cassation. In-18.

X. **Les castes dans l'Inde.** Les faits et le système par Em. Senart, de l'Institut. In-18.

XI. **Introduction à la philosophie Vedanta**, par F. Max Muller, membre de l'Institut. Traduit de l'anglais par Léon Sorg. In-18.

XII. **Conférences au Musée Guimet**, par L. de Milloué, 1898-1899. In-18.

XIII. **L'Evangile du Bouddha**, raconté d'après les anciens documents, par Paul Carus. Traduit de l'anglais par L. de Milloué. In-18.

XIV. **Conférences au Musée Guimet**, par L. de Milloué. 1899-1900. In-18.

XV, XVI. **Conférences au Musée Guimet**, en 1903-1904, par MM. Maurice Courant, Salomon Reinach, Emile Cartailhac, R. Cagnat, G. Lafaye, Philippe Berger, Sylvain Lévi, D. Menant. 2 vol. in-18.

XVII. **Conférences au Musée Guimet**, par Emile Guimet. In-18, illustré. La statue vocale de Memnon. — Les récentes découvertes archéologiques en Egypte. — Les Musées de la Grèce. — Des antiquités de la Syrie et de la Palestine. — Le théâtre chinois au XIIIᵉ siècle.

XVIII, XIX, XX. **Conférences au Musée Guimet**, en 1904-1905, par Jean Réville, R. Cagnat, G. Lafaye, Th. Reinach, D. Menant. — S. Lévi, R. Cagnat, S. Reinach, V. Loret, Edm. Pottier. — Parmentier, Pierret, V. Henry, Mlle Menant, Ph. Berger, A. Moret!

XXI. **Les religions de la Gaule** avant le christianisme, par Ch. Renel. In-18.

XXII. **Le Bouddhisme**, par L. de Milloué. In-18.

XXIII. **La religion des anciens Egyptiens.** Conférences de M. Edouard Naville, au Collège de France.

XXIV. **Les religions orientales dans le paganisme romain.** Conférences faites au Collège de France en 1905, par M. Franz Cumont. In-18.

XXV. **Conférences au Musée Guimet**, 1907.

XXVI, XXVII. **Conférences**, 2 vol. in-18, illustrés.

XXVIII. **Exposition temporaire au Musée Guimet.** Catalogue. In-18, ill.

XXIX, XXX. **Conférences au Musée Guimet**, en 1907-1908, par MM. R. Cagnat. A. Moret, L. de Milloué, Pottier Dʳ J.-J. Matignon, Salomon Reinach. — G. Bénédite, A. Gayet, A. Foucher, L. de Milloué, E. Naville, D. Menant. 2 vol. in-18, illustrés.

XXXI, XXXII. **Conférences au Musée Guimet**, en 1908-1909, par T. Homolle, Salomon Reinach, L. de Milloué, Sylvain Lévi, R. Cagnat, L. Delaporte, A. Moret. — G. Lafaye, René Pichon, Dʳ Capitan, E. Revillout, J. Bacot, Mme Jane Dieulafoy, A. Moret.

XXXIII. **Les phases successives de l'histoire des Religions.** Conférences faites au Collège de France en 1909, par M. Jean Réville. In-18.

XXXIV, XXXV. **Conférences au Musée Guimet**, en 1910, par L. de Milloué, A. Moret, R. Dussaud, R. Cagnat, A. Foucher, F. Cumont, L. Delaporte. — E. Guimet, H. Cordier, S. Reinach, P. Menant, R. Pichon, von Le Coq.

XXXVI. **Conférences au Musée Guimet**, en 1911, par MM. L. de Milloué, H. Cordier, R. Cagnat, Comte Goblet d'Alviella, Sylvain Lévi, Jacques Bacot, Mlle D. Menant.

XXXVII. **Conférences au Musée Guimet**, en 1912, par MM. A. Moret, Dʳ Capitan, Seymour de Ricci, Ph. Berger.

XXXVIII. **Conférences au Musée Guimet**, en 1912, par MM. le Commandant Espérandieu, P. Alphandéry, Salomon Reinach, R. Cagnat, A. Moret, A. Foucher.

XXXIX. **Conférences au Musée Guimet**, en 1912-1913, par MM. R. Dussaud, R. Cagnat, R. Pichon, J. Toutain, A. Moret, Mlle D. Menant.

XL. **Conférences au Musée Guimet**, en 1912-1913, par MM. V. Goloubew, le capitaine de Tressan, F. Nau, Sylvain Lévi, J. Hackin.

Tomes I à XXXV chez Ernest Leroux — XXXVI à XL chez Hachette et Cie.

# ANNALES DU MUSÉE GUIMET

## BIBLIOTHÈQUE D'ÉTUDES

### SÉRIE IN-8°




Imp. J. Thevenot, Saint-Dizier (Haute-Marne)

9 782329 344997